AI와 영화의 디지털 휴먼

AI문고

인공지능 시대입니다. 기계가 인간의 인지를 대신하고, 사물이 인간을 통하지 않고 다른 사물과 직접 커뮤니케이션합니다. 이에 따른 인간 삶과 문명 변화를 정확히 이해 · 예측 · 대응하는 것은 이 시대 우리 모두의 과제입니다. AI문고는 인공지능 기술과 환경의 여러 주제를 10가지 키워드로 정리합니다. 관련 개념과 이론, 학계와 산업계의 쟁점, 우리 일상의 변화를 다룹니다. 인간과 기술의 현재, 미래를 세심히 분석합니다.

일러두기

- 인명, 작품명, 저서명, 개념어 등은 한글과 함께 괄호 안에 해당 국가의 원어를 병기했습니다.
- 외래어 표기는 현행 어문규정의 외래어표기법을 따랐습니다. 다만 '딥러닝', '딥마인드', '딥페이크' 등은 관행을 따랐습니다.

처음이세요?

전문가세요?

AI와 영화의 디지털 휴먼

남승석

대한민국, 서울, 커뮤니케이션북스, 2024

AI와 영화의 디지털 휴먼

지은이 남승석
펴낸이 박영률

초판 1쇄 펴낸날 2024년 12월 24일

커뮤니케이션북스(주)
출판 등록 2007년 8월 17일 제313-2007-000166호
02880 서울시 성북구 성북로 5-11
전화(02) 7474 001, 팩스(02) 736 5047
commbooks@commbooks.com
www.commbooks.com

ISBN 979-11-7307-227-7 03500

책값은 뒤표지에 표시되어 있습니다.

차례

AI와 영화의 디지털 휴먼

영화 산업이 마주한 새로운 시대의 문턱에 서서, 우리는 기술과 예술의 경계가 점점 더 모호해지는 흥미로운 순간을 목격하고 있다. 'AI와 영화의 디지털 휴먼'이라는 주제로 펴내는 이 책은, 인공지능 기술이 영화 제작 과정과 배우의 역할에 미치는 여러 변화를 탐구한다. 그래서 이는 기술의 발전만을 기록하는 것이 아니라 영화라는 예술이 맞이하는 변화들과 이에 따른 인간의 의미를 함께 살펴보고자 하는 작은 시도다.

디지털 기술의 급속한 발전은 영화 제작의 모든 측면을 변화시키고 있다. 특히 AI를 활용한 디지털 휴먼의 등장은 영화 산업에 새로운 패러다임을 제시하고 있다. 이제 영화 속 캐릭터는 배우의 연기만으로 구현되는 것이 아니라, AI 기술을 통해 창조되거나 증강될 수 있다. 이러한 변화는 단순히 기술적 혁신의 차원을 넘어, 연기와 캐릭터 구현의 본질에 대한 근본적인 질문을 제기한다. 이 책은 AI와 디지털 휴먼이라는 새로운 변화 속에서 영화배우와 그의 연기의 의미가 어떻게 달라지는지 살펴보고, 이러한 변화가 가져올 기술적, 법률적, 윤리적 쟁점들을 함께 논의한다.

2024년 초부터, AI 업계의 주요 기업들이 잇달아 텍스트 기반 동영상 생성 AI를 공개했다. 구글은 '루미에르(Lumiere)'로 5초 길이의 고품질 영상을 만들어 내는 기술을 선보였고, 오픈AI는 '소라(Sora)'를 통해 최대 1분 길이의 영상 생성을 가능케 했다. 메타는 이미지 생성 모델인 '달리(Dall-E) 3'에 동영상 기능을 더했으며, 영국의 스타트업 스태빌리티 AI는 이미지를 활용하는 '스테이블 비디오(Stable Video)'를 발표했다.

이러한 기술들은 자연스러운 움직임과 시간적 일관성은 물론, 줌 인/아웃, 패닝 같은 전문적인 카메라 워크까지 구현할 수 있다. 특히 복잡한 장면에서도 안정적인 영상을 만들어 내는 놀라운 능력을 보여 준다. 이는 영상 제작의 새로운 시대를 예고하고 있다. 다만 생성된 영상의 저작권 문제, 딥페이크 등 악용 가능성, 그리고 제작 현장의 기존 인력과 작업 방식에 미칠 영향 등 해결해야 할 과제들도 제기되고 있다. AI 기술의 발전이 가져올 혜택과 위험을 어떻게 대응하고 활용할지에 대한 사회적 논의가 필요한 시점이다.

디지털 휴먼의 등장은 배우의 정체성과 지식재산권에

관한 새로운 논의를 불러일으켰다. 2023년 말, 미국 배우 · 방송인 노동조합(SAG-AFTRA)의 대규모 파업은 이러한 변화의 중요성을 전 세계에 각인시켰다. 118일간 지속된 이 파업의 결과, 배우의 디지털 복제본 사용에 대한 새로운 규칙이 제정되었다. 이는 디지털 시대의 배우 권리 보호에 대한 중요한 이정표가 되었다. 이 파업과 그 결과는 단순한 노사 갈등의 차원을 넘어 디지털 시대의 창작자 권리와 기술 혁신 사이의 균형점을 모색하는 중요한 사례가 되었다. 저자는 이 책에서 이러한 상황의 배경과 의미, 그리고 그것이 영화 산업의 미래에 미칠 장기적인 영향에 대해 고찰했다.

본서는 이러한 기술적, 사회적 변화의 맥락에서 디지털 휴먼과 영화 배우의 관계를 고찰한다. AI 기술이 어떻게 배우의 연기를 확장하고 변형시키는지, 그리고 이것이 영화 제작과 관람 경험에 어떤 영향을 미치는지 살펴볼 것이다. 이는 단순히 기술적 측면에 국한되지 않고, 연기의 본질, 캐릭터와 관객 사이의 정서적 연결, 그리고 영화라는 매체를 통한 인간 경험의 재현과 같은 깊이 있는 주제들을 포괄한다. 저자는 이 책에서 실제 사례 연구와 전문가 인터뷰를 통해, 이러한 변화가 실제 영화 제작 현장에서 어떻게 구현되고 있는지, 그리고 그것이 창작자와 관객들에게 어떤 새로운 가능성을 열어 주고 있는지 탐구했다.

특히 주목할 점은 'AI 배우'의 등장이다. 인간 배우의 인상을 주면서도 실제 인물의 목소리를 사용하지 않는 이 새로운 형태의 연기자인 'AI 배우'는, 영화 산업의 미래를 상징하는 존재다. 이들의 등장은 연기의 본질, 창의성의 원천, 그리고 예술적 표현의 한계에 대한 깊이 있는 논의를 요구한다. 'AI 배우'의 개념은 단순히 기술적 혁신의 결과물이 아니라, 연기와 퍼포먼스의 본질에 대한 우리의 이해를 재고하게 만드는 철학적 질문을 제기한다. 이 책에는 'AI 배우'의 기술적 구현 방식뿐만 아니라 그들이 영화 내러티브와 캐릭터 구축에 어떤 새로운 가능성을 제시하는지, 그리고 이것이 관객의 영화 경험을 어떻게 변화시킬 수 있는지에 대한 고민을 담았다.

더불어 이 기술적 혁신이 가져올 윤리적, 법적 문제도 다룰 것이다. 디지털 휴먼의 지식재산권, 개인정보 보호, 창작자의 권리 등 복잡한 문제들이 우리 앞에 놓여 있다. 이러한 문제들에 대한 균형 잡힌 시각과 해결책을 모색하는 것이 본서의 주요 목표 중 하나다. 이 책에서는 현재 진행 중인 법적, 윤리적 논의들을 종합적으로 검토하고, 이러한 이슈들이 영화 산업과 사회 전반에 어떤 영향을 미칠 수 있는지 예측해 볼 것이다. 또한 이러한 문제들에 대응하기 위한 정책적, 제도적 방안들을 제시하고, 창작자, 기술자, 정책 입안자들이 함께 고려해야 할 주요 사항들을 논의했다.

본서는 10장으로 구성되어 있다. 각 장의 내용을 요약하면 다음과 같다.

제1장 'AI와 영화배우'에서는 AI 기술이 영화배우의 연기와 인물 구현에 미치는 영향과 확장 가능성에 관해 설명한다. 일반적으로 배우는 시나리오를 통해 인물의 배경, 감정, 생각, 행동 등을 파악하고 이를 바탕으로 연기를 한다. AI 기술을 활용한 디지털 휴먼의 등장으로 배우들은 이제 디지털 정체성을 갖게 되었다. 이로 인해 배우는 더 다양한 역할에 도전할 수 있게 되었지만, 동시에 윤리적, 미학적 새로운 도전에 직면하게 되었다.

제2장 '영화와 배우'에서는 영화 연기의 특수성을 탐구하며, 배우의 연기가 영화의 미학적, 서사적 요소와 어떻게 상호작용해 관객의 경험을 형성하는지 분석한다. 배우의 연기는 영화 산업의 핵심 요소로, 배우는 캐릭터를 생생하게 표현함으로써 영화의 현실감을 높이고 관객이 이야기와 감정을 더 깊이 느낄 수 있게 한다. 또한 인공지능 시대에 따른 영화 연기 스타일의 변화에 대해

서도 고찰한다.

제3장 'AI 영상 기술'에서는 AI 영상 기술의 주요 응용 분야와 그 작동 방식을 설명한다. AI 영상 기술의 급속한 발전은 영화와 미디어 산업에서 영화 제작, 편집, 특수 효과, 그리고 영상 콘텐츠 창작에 혁신적인 변화를 가져오고 있다. 이 장에서는 먼저 디지털 휴먼과 관련된 핵심 기술을 검토한다. 이어서 이러한 기술의 발전과 활용에 따라 제기되는 윤리적 문제와 지식재산 관련 이슈에 대해 살펴본다.

제4장 '디지털 휴먼'에서는 디지털 휴먼의 정의와 제작 기술에 대해 논의한다. 디지털 휴먼은 영화, TV, 게임 등 다양한 미디어에서 인간 배우와 구분할 수 없을 정도로 정교하게 만들어진 가상의 캐릭터로, 3D 컴퓨터 그래픽스를 통해 생성된다. 제작 과정은 모델링부터 렌더링까지 높은 기술적 전문성과 창의력을 요구하며, 이 과정이 유기적으로 결합해야 디지털 휴먼이 완성된다. 이 장에서는 이러한 디지털 휴먼의 현재와 미래에 관해 탐구한다.

제5장 '로봇'에서는 영화에서 로봇의 특성과 기술을 다룬다. 디지털 휴먼은 가상 환경에서 시각적, 상호작용적 역할을 수행한다. 이에 비해서 로봇은 물리적 환경에

서 다양한 작업을 수행하는 기계적 존재다. 두 기술 모두 인공지능의 발전과 함께 더욱 발전하고 있으며, 영화에서 자주 등장하는 요소로 각각 독특한 역할과 기능을 수행한다. 인공지능과 컴퓨터 비전의 발전으로 더욱 섬세한 캐릭터를 창조하는 데 기여하고 있다.

제6장 '배우의 IP'에서는 배우의 이미지와 퍼포먼스에 대한 권리와 계약 및 라이선스 문제들을 살펴본다. 영화배우는 저작인접권자로서 다양한 권리를 지닐 수 있지만, 저작권법 제100조 제3항에 따라 그 권리는 자동으로 영화 제작자에게 양도된 것으로 추정된다. 만약 배우가 자신의 권리를 보호하고자 한다면, 출연 계약 시 별도의 약정을 통해 권리를 유보하거나, 라이선스 계약을 체결해 권리 사용에 대한 조건을 명확히 기술해야 한다.

제7장 '디지털 휴먼의 IP'에서는 디지털 휴먼과 관련된 지식재산권(IP) 문제를 고찰한다. 특히 디지털 휴먼 구현에 사용되는 딥페이크 및 인공지능 기술을 통한 디지털 복제는 배우의 퍼블리시티권과 저작권을 침해할 가능성이 있다. 디지털 정체성 문제는 배우의 이미지, 음성, 퍼포먼스를 디지털로 복제하고 변형하는 과정에서 발생한다. 이 장에서는 디지털 휴먼의 IP가 배우의 IP와 어떻게 연관되어 있는지, 그리고 이로 인해 발생하는

법적, 윤리적 문제를 구체적인 사례와 함께 분석한다.

제8장 '사망한 배우의 디지털 부활'에서는 이미 사망한 배우가 디지털 부활을 통해 영화에 출연한 사례를 살펴본다. 이를 위해서 디지털 휴먼 3D 스캔을 한 배우의 얼굴과 목소리의 데이터에 기반을 둔 인공지능 기술을 이용한다. 페이셜 스캔 시스템을 통해 이미 사망한 배우의 디지털 부활을 구현할 수 있다. 이러한 기술은 영화, TV, 광고 등 다양한 미디어에서 이미 사망한 배우를 영상에 등장시키는 데 사용된다.

제9장 '디지털 휴먼의 프랑켄슈타인 효과'에서는 인공지능 기술을 통한 신체의 디지털 재구성과 관련해 '프랑켄슈타인 효과'라는 개념을 제안한다. 이는 디지털 휴먼이 지니는 본질적인 특성을 설명하는 데 유용한 개념이다. 디지털 휴먼은 단일 배우의 단순한 복제물이 아니라 여러 배우의 데이터를 조합해 만들어 낸 새로운 형태의 존재다. 따라서 '프랑켄슈타인 효과'는 디지털 휴먼 기술의 혁신성과 그에 따른 도전 과제를 동시에 내포하는 개념이다.

10장 '배우의 디지털 정체성'에서는 디지털 휴먼과 인간 배우와 관련된 사례에서 디지털 정체성을 논의하고 배우의 IP가 연기의 미래에 미칠 영향에 대해 논의했다.

인공지능을 활용해 인간 배우의 몸짓, 목소리, 얼굴을 스캔해서 만든 디지털 휴먼에 관한 비판적 논의를 통해서 인공지능 시대의 연기와 배우의 개념, 그리고 그들의 권리와 책임에 대해 새로운 시각을 모색한다.

본서는 미디어 생태계 전반의 급격한 변화가 단순히 기술적인 진보에 그치지 않음을 동시에 강조한다. 이는 영화 예술의 본질, 배우의 역할, 관객의 경험에 대한 근본적인 재고를 요구한다. 저자는 이 책을 통해 AI 시대의 영화가 직면한 도전과 기회를 함께 비평하고자 한다. AI와 디지털 휴먼 기술이 영화 예술의 경계를 어떻게 확장하고 있는지, 그리고 이것이 영화를 통한 우리의 현실 인식과 상상력에 어떤 영향을 미치는지 탐구한다. 또한 이러한 기술적 진보가 영화의 제작 미학에 어떤 새로운 가능성을 열어 주는지 논의한다.

'AI와 영화의 디지털 휴먼'은 기술과 예술의 융합이 만들어 내는 새로운 영화의 세계를 탐험하는 여정이다. 이 책을 통해 독자 여러분이 AI 시대의 영화에 대한 이해의 기반을 만들기를 희망한다. 기술의 발전이 영화 예술의 본질을 어떻게 변화시키고 확장시킬지, 그리고 이 과정에서 우리가 어떤 역할을 해야 할지에 대해 함께 고민해 보고자 한다. 단순히 현재의 변화를 기록하는 것을 넘어 영화의 미래에 대한 비전을 제시하고 그 미래를 함께 만들어 가기 위한 대화의 시작점이 되기를 바란다.

AI 기술에 의한 새로운 영화의 미래는 우리가 상상하는 것보다 더 빠르게 다가오고 있다. 이 책이 그 미래를 준비하고 이해하는 데 도움이 되기를 바란다.

연세대 위당관에서

2024.9.5

01
AI와 영화배우

AI 기술은 배우의 연기와 인물 구현 방식에 큰 변화를 가져오고 있다. 이전까지 배우들은 시나리오를 통해 인물의 배경과 감정, 생각, 행동을 파악하고 이를 연기로 표현했다. 하지만 AI 기술을 활용한 디지털 휴먼의 등장으로 배우들은 새로운 디지털 정체성을 갖게 되었고, 이는 연기의 가능성을 더욱 확장시켰다. 이러한 변화는 배우들에게 더 다양한 역할에 도전할 기회를 제공하는 동시에, 윤리적, 미학적 측면에서 새로운 도전 과제를 안겨 주고 있다.

AI와 1인 창업?

AI와 영화배우

디지털 혁명이 영화 산업에 미친 영향은 실로 거대하다. 영화 제작 과정에서 CGI, 3D 그래픽, 가상 현실(VR) 등의 기술 발전은 영화의 시각적 가능성을 확장했다. 이제는 이러한 기술적 발전이 단순히 영화의 배경이나 특수효과에만 국한되지 않고, 배우라는 영화의 핵심 요소에까지 침투하고 배우의 역할, 존재 의미, 그리고 미래에 대한 새로운 가능성을 열고 있다.

AI와 영화배우의 융합은 영화 제작 현장에 다양한 변화를 가져오고 있다. 특히 주목할 점은 AI가 배우의 디지털 아바타를 생성해 인간 배우의 감정 표현과 행동을 그대로 구현할 수 있게 되었다는 것이다. AI 기술은 인간의 표정, 목소리, 제스처를 정교하게 모방할 수 있으며, 이를 통해 배우가 직접 연기하지 않은 장면을 만들어 내고 고인이 된 배우의 모습을 스크린에 다시 구현하는 것까지 가능해졌다.

현재 영화 제작 현장에서는 AI와 배우가 협력하는 형태가 점차 늘어나고 있다. 배우가 주요 장면을 연기하면 AI는 후반 작업에서 이를 보완하고 확장할 수 있다. 특히 배우의 신체적 한계를 뛰어넘는 장면을 구현할 수 있어 액션이나 판타지 장르에서 그 활용도가 높다. 또한 AI는 배우의 미세한 표정까지 분석해 이를 증폭하거나 보완할 수 있어, 감독에게 더욱 다양한 연출의 가능성을 열어주고 있다.

AI의 발전은 단순한 배우의 아바타를 넘어 'AI 배우'의 탄생을 예고하고 있다. 'AI 배우'는 기존 배우와 달리 나이를 먹지 않고 피로를 느끼지 않으며, 언제나 완벽한 컨디션을 유지할 수 있는 특징이 있다. 이는 영화 제작의 효율성을 크게 높일 수 있는 잠재력을 지니고 있다. 하지만 'AI 배우'의 등장은 전통적인 영화배우의 역할에 대한 근본적인 질문을 던진다. 인간 배우가 표현하는 감정만이 진정성을 지니는 것인지, 또는 인간 배우와 'AI 배우'의 공존이 윤리적으로 올바른 것인지와 같은 문제들이 제기되고 있다. 이러한 질문들은 단순한 기술적 차원을 넘어 예술과 철학의 영역으로까지 확장되고 있다.

인공지능 시대, 영화 제작 과정

AI와 영화배우

인공지능 시대, 영화 제작 과정에서 디지털 휴먼의 연기와 영화배우의 디지털 정체성, 그리고 이를 표현하는 몸짓에 관련된 지식재산(IP)은 산업 혁신의 주요 문제다. 2024년 2월, 오픈AI가 텍스트 프롬프트만으로 1분 분량의 고품질 영상을 제작할 수 있는 '소라(SORA)'를 공개했다. 자연스러운 움직임과 복잡한 장면 연출이 가능한 이 기술은 영상 제작의 새로운 지평을 열었다. 같은 해 챗GPT와 같은 생성형 AI의 발전도 눈부신데, 이는 단순한 대화형 인터페이스를 넘어 시나리오 작성, 캐릭터 설정, 스토리보드 제작 등 영상 제작의 전반적인 과정에서 혁신을 가져오고 있다.

AI 기술의 발전은 미디어 산업 전반에 큰 변화를 일으키고 있다. 특히 전문가만이 할 수 있었던 고품질 영상 제작이 이제는 누구나 시도해 볼 수 있는 영역으로 확장되고 있으며, 창작자들은 더욱 다양하고 실험적인 시도를 할 수 있게 되었다. 이러한 여파를 AI와 영화배우의 연관성과 관련해서 살펴보자. 현대 영화 산업에서 AI와 영화배우는 점점 더 밀접하게 연관되면서 영화 제작과 배우의 연기에 큰 변화를 가져오고 있다. AI는 배우의 목소리 합성, 얼굴 합성, 디지털 휴먼 생성 등을 통해 영화 제작의 다양한 측면에서 혁신을 일으키고 있다.

목소리 합성

카메라 연기에서 배우의 발성은 매우 중요한 요소 중 하나로, 캐릭터의 감정과 의도를 효과적으로 전달하는 역할을 한다. 발성은 단순히 대사를 말하는 것 이상으로, 목소리의 톤, 음량, 리듬, 호흡의 사용을 포함한다. 이 모든 요소가 결합해 관객에게 캐릭터의 내면세계를 더욱 정확하게 전달한다.

배우는 목소리의 톤과 음색을 조절해 캐릭터의 감정 상태와 성격을 표현할 수 있다. 예를 들어 낮고 무거운 톤은 진지함이나 긴장감을 전달하는 반면, 높은 톤은 불안감이나 흥분을 표현할 수 있다.

카메라 연기에서는 대체로 음량을 절제하는 것이 중요하다. 마이크가 배우의 목소리를 직접 수음하기 때문에, 무대 연기를 할 때처럼 큰 소리로 발성할 필요는 없다. 대신 섬세하고 자연스러운 발성이 필요하며, 이는 캐릭터의 진정성을 높이는 데 기여한다.

대사의 리듬과 속도 역시 중요한데, 이는 캐릭터의 생각의 흐름과 감정의 강도를 나타낼 수 있다. 예를 들어 빠른 속도의 말하기는 긴장감이나 다급함을 나타내고, 느린 속도는 숙고하거나 감정적인 무게를 전달하는 데 사용될 수 있다.

카메라 연기에서 호흡은 종종 감정을 전달하는 중요한 도구로 사용된다. 배우가 적절한 타이밍에 숨을 가쁘게 쉬거나 의도적으로 호흡을 멈추는 등의 기술은 긴장감이나 감정의 변화 등을 효과적으로 표현하는 데 도움이 된다.

이 모든 발성 기술은 카메라가 배우의 얼굴과 몸짓을 클로즈업으로 담을 때 더욱 중요해진다. 카메라는 배우의 미세한 표정 변화와 함께 발성의 작은 뉘앙스까지도 포착하기 때문에, 배우는 이를 통해 캐릭터의 감정과 생각을 더 깊이 있게 표현할 수 있다.

AI를 활용한 목소리 합성 기술은 배우의 음성을 모방해 새로운 대사를 생성하거나, 배우가 직접 녹음하지 않은 장면에서도 자연스러운 대사를 추가할 수 있게 한다. 이 기술은 다음과 같은 장점을 가지고 있다. 우선 배우가 직접 녹음할 필요 없이 빠르게 새로운 대사를 추가할 수 있어 편리하다. 다음으로 배우의 목소리가 변하거나 시간이 지나더라도 일관된 목소리를 낼 수 있어 한 사람의 정체성을 지속적으로 유지할 수 있다. 또한 여러 언어로 음성을 합성해 다양한 시장에 맞춘 영화 제작이 가능하다.

얼굴 합성

영화에서 배우의 메이크업과 분장은 캐릭터의 외모를 창조하고, 그들이 연기하는 인물의 성격, 배경, 감정 상태를 시각적으로 표현하는 중요한 요소다. 메이크업과 분장은 관객이 영화 속 캐릭터를 이해하고 영화적 공간에 몰입하는 데 도움을 준다. 주요 측면을 살펴보면 다음과 같다.

첫째, 메이크업과 분장은 캐릭터의 나이, 성격, 건강 상태, 경제적 배경, 사회적 지위를 시각적으로 표현하는 데 사용된다. 예를 들어 고풍스러운 시대극에서는 캐릭터의 시대적 배경에 맞는 헤어스타일과 메이크업을 통해 당시의 사회적 표준을 반영한다.

둘째, 분장을 통해 배우의 감정 상태나 내면을 강조할 수 있다. 예를 들어 어두운 눈 밑 그늘이나 창백한 피부는 캐릭터의 피로, 스트레스, 또는 두려움을 나타낼 수 있다. 반면 밝은 색조의 메이크업은 활기찬 기운이나 행복한 상태를 시각적으로 표현한다.

셋째, 영화에서 종종 사용되는 특수 분장과 메이크업은 배우를 상처 입히거나, 노화시키거나, 판타지 캐릭터로 변신시키는 등 다양한 시각적 효과를 구현하는 데 필수적이다. 예를 들어 노화 분장은 캐릭터가 시간이 흐르면서 나이를 먹는 모습을 실감 나게 표현할 수 있다.

넷째, 메이크업과 분장은 배우가 다른 인종, 성별, 종족 등으로 변신하는 데 도움을 줄 수 있다. 이를 통해 배우는 자신과 전혀 다른 외모를 가진 인물로 완벽하게 변신할 수 있다. 예를 들어 판타지나 공상과학 영화에서 외계인이나 괴물과 같은 캐릭터를 창조하는 데 사용된다.

다섯째, 특히 시대극이나 전쟁 영화에서 역사적 정확성을 높여 현실감 있는 재현을 하는 데 중요한 역할을 한다. 이 경우 분장은 당대의 패션과 스타일을 반영하며, 현실감을 부여하는 데 기여한다. 아니면 다른 배우의 얼굴을 자연스럽게 합성하는 기술을 사용해 영화 제작 과정에서 역사적인 인물의 얼굴을 대역 배우의 얼굴로 교체해 사용할 수 있다.

하지만 AI를 통한 얼굴 합성 혹은 교체 기술은 메이크업과 분장 기술 이상으로 확장을 가능하게 한다. '얼굴 데이터 3D 스캐닝'을 통해서 영화배우의 외형과 목소리를 닮은 고해상도 디지털 데이터를 만든다. 이 데이터를 사용해 배우의 얼굴을 디지털로 생성하고 조절해 다양한 효과를 만들어 낸다. 이렇게 디지털 휴먼을 생성해 위험한 장면이나 복잡한 특수 효과 장면에서 활용할 수 있다. 얼굴 합성 기술은 나이 먹어 가는 한 인물, 즉 늙어 가는 배우의 외모를 과거의 젊은 모습으로 수정해서 특정 시대의 모습으로 변형해 다양한 시나리오와 연출을 가능하게 했다. 그리고 모션 캡처 기술을 통해 배우의 특정한 표정이나 몸짓을 디지털 휴먼이 모사할 수 있다.

디지털 휴먼의 확장

AI 기술을 통해 디지털 휴먼은 점점 더 현실감 있게 표현되고 있으며, 이는 영화 제작에 여러 이점을 제공한다. 첫째, 비용을 절감할 수 있다. 인간 배우를 고용하고 촬영하는 비용을 줄일 수 있다. 둘째, 시간을 효율적으로 사용할 수 있다. 디지털 캐릭터를 통해 빠르게 장면을 촬영하고 편집할 수 있다. 셋째, 창의적 가능성을 극대화해 현실에서는 불가능한 장면이나 캐릭터를 디지털로 구현하는 시각화가 가능하다.

AI 기술의 발전은 영화배우와 영화 제작에 혁신적인 변화를 가져오고 있다. 목소리 합성, 얼굴 합성, 디지털 휴먼 등의 기술을 통해 영화 제작 과정은 더욱더 효율적이며 창의적으로 변모하고 있다. AI와 영화배우의 융합은 영화 산업의 새로운 장을 열고 있다. 그러나 이 과정에서 윤리적, 철학적 고민이 필연적으로 수반될 수밖에 없다. 배우의 예술적 가치와 인간적인 매력이 AI로 대체될 수 있을까? 기술 발전이 가져오는 편리함과 효율성만큼이나 영화배우로서의 디지털 정체성이 중요한 요소임을 잊어서는 안 될 것이다.

참고문헌

박서연 · 송낙원(2020). 영화연기에서 카메라 프레임과 렌즈와 스피드의 미학적 특성 연구, ≪연기예술연구≫, 17, 1-16.

박희복 · 최민수(2018). 현대영화기술 변천과정에서 영상연기 그 방향성에 관한 연구, ≪연기예술연구≫, 13, 55-70.

이도연 · 황경호(2021). 인공지능 기술 기반 콘텐츠 저작물 생성 및 활용 권리에 대한 이용자 인식 연구 : Neural Style Transfer 알고리즘 활용 사례를 중심으로, ≪한국사회과학연구≫, 40(3), 5-42.

Brown, R.(2022). Collaboration between AI and actors in modern filmmaking. *International Journal of Cinema Technology, 9*(1), 45-60.

Davis, M.(2024). The rise of AI actors: Implications for the future of cinema. *Artificial Intelligence in Entertainment, 7*(4), 210-225.

Johnson, A. & Lee, S.(2024). AI-generated digital avatars in cinema: A new era of acting. *Digital Media Technology, 18*(3), 301-315.

Smith, J.(2023). The impact of digital revolution on the film industry. *Journal of Film Studies, 45*(2), 112-128.

02
영화와 배우

영화 연기의 특수성을 탐구하고 배우의 연기가 영화의 미학적, 서사적 요소와 어떻게 상호작용해 관객의 경험을 형성하는지 분석한다. 배우의 연기는 영화 산업의 핵심 요소로, 배우는 캐릭터를 생생하게 표현함으로써 영화의 현실감을 높이고 관객이 이야기와 감정을 더 깊이 느낄 수 있게 한다. 또한 인공지능 시대에 따른 영화 연기 스타일의 변화에 대해서도 고찰한다.

AI와 MBTI?

배우의 연기

영화에서 배우의 연기

영화와 연극에서 배우의 연기는 각 매체의 특성에 따라 뚜렷한 차이를 보인다.

영화에서 배우의 연기는 주로 카메라 앞에서 이루어지며, 촬영과 편집을 통해 완성된다. 이 과정에서 배우는 특정 장면에 집중해 여러 번 촬영할 수 있어, 다양한 테이크를 시도하고 그중 최상의 연기를 선택해 편집에 활용할 수 있다. 영화 매체의 특성상 클로즈업 촬영이 많아서, 배우의 미세한 표정 변화, 작은 몸짓, 목소리 톤의 변화가 큰 영향을 미친다. 이는 영화가 배우의 내면을 세밀하게 표현할 수 있는 매체이기 때문이다.

반면 연극에서는 배우가 무대 위에서 관객과 직접 대면하며 실시간으로 연기한다. 연극은 라이브 퍼포먼스라는 점에서 영화와 큰 차이를 보인다. 연극 배우는 관객의 즉각적인 반응을 느끼며 연기하고, 멀리 있는 관객에게까지 감정을 전달하기 위해 과장된 표현과 몸짓을 해야 한다. 또한 연극은 공연이 시작되면 끝날 때까지 중단 없이 진행되기 때문에 배우는 한 번에 전체 이야기를 전달해야 하며, 연기의 연속성이 중요하다.

카메라 연기에서는 배우의 세밀한 감정 표현과 자연

스러운 연기가 요구되며, 이는 편집 과정에서 더욱 강조된다. 반면 무대 연기에서는 큰 몸짓과 명확한 발성이 중요하며, 실시간으로 이루어지는 관객과의 상호작용이 핵심이다.

결론적으로 배우의 역할은 각 매체의 특성에 맞추어 달라진다. 영화에서는 세밀함과 자연스러움이, 연극에서는 즉흥성과 과장된 표현이 중요한 요소로 작용한다. 따라서 배우에게는 이러한 매체 간 차이를 이해하고 적응하는 능력이 필수적이다.

영화에서 배우

시나리오를 바탕으로 한 캐릭터 해석

배우는 시나리오를 바탕으로 캐릭터를 해석할 때, 감독과의 긴밀한 소통을 통해 그 해석을 더욱 구체화하고 발전시켜 나간다. 시나리오를 읽으며 배우는 캐릭터의 배경, 감정, 동기 등을 이해하게 되지만, 감독은 그 자신이 연출할 영화 전체의 비전과 테마를 배우에게 명확히 전달하고 배우는 이를 염두에 두고 자신이 연기하는 인물의 캐릭터를 해석해서 자신의 언어와 몸짓을 통해 제시해야 한다.

이 과정에서 배우는 자신의 초기 해석을 감독에게 제

시하고, 감독은 그 해석이 영화의 전체적인 방향과 어떻게 일치하는지 피드백을 제공한다. 예를 들어 특정 장면에서 캐릭터가 느끼는 감정이나 표현하는 행동이 시나리오에 암시된 것과 감독의 의도 사이에 차이가 있을 수 있다. 이때 배우는 감독과 대화를 통해 그 차이를 조율하고, 감독의 비전에 맞게 자신의 연기를 조정한다.

또한 배우는 감독과 논의를 통해 캐릭터의 내면을 탐구하며, 특정 장면에서 미세한 감정 변화나 행동의 동기를 함께 결정한다. 감독은 배우에게 원하는 감정의 강도나 표현 방식을 구체적으로 설명하며, 배우는 이를 바탕으로 연기에서 어떤 부분을 강조하고 어떻게 표현할지를 결정한다.

이러한 협력적 과정을 통한 배우와 감독 간의 소통은 단순한 지시와 수행을 넘어서는 창의적인 작업이다. 이를 통해 캐릭터는 영화 내에서 살아 숨 쉬는 인물로 탄생할 수 있다. 결과적으로 이러한 긴밀한 협업은 영화의 전체적인 질을 높이고 관객들에게 깊이 있는 경험을 제공하는 데 기여한다.

카메라 앞에서의 연기

배우가 카메라 앞에서 연기할 때는 장면의 구도, 카메라 움직임, 조명 등 여러 요소를 고려해야 한다. 카메라는 배우의 미세한 표정 변화, 몸짓, 목소리 톤을 확대해 전달하기 때문에, 자연스럽고 진정성 있는 감정 표현이 중요하다. 또한 동일한 장면을 여러 번 촬영하며 다양한 테이크를 시도할 수 있으므로, 배우는 각각의 테이크마다 집중력을 유지하며 최상의 연기를 선보여야 한다. 이 과정에서 카메라의 구도, 움직임, 조명 등을 통해 영화의 시각적 스타일과 감정적 톤을 결정하며, 이러한 요소들은 배우의 연기와 밀접하게 연결된다. 일반적으로 이러한 협업은 프리프로덕션 단계에서 스토리보드와 콘티 작업을 통해 미리 계획된다. 스토리보드는 각 장면의 카메라 앵글, 인물의 위치, 움직임 등을 시각적으로 예측해 촬영과 연기의 방향성을 설정하는 중요한 도구다. 박찬욱과 봉준호 감독 모두 콘티를 영화 제작의 핵심 요소로 여기며, 이를 통해 자신들의 독특한 시각적 스타일과 이야기 전달 방식을 효과적으로 구현한다. 이러한 세심한 준비는 그들의 영화가 시각적으로 뛰어나고 완성도 높은 작품으로 인정받는 데 기여하고 있다.

그러나 독립영화 제작 시 예산이나 시간의 제약, 혹은 예술영화 제작 시 즉흥 연기를 위한 미학적 제작 방식과 같은 예외적인 경우가 있다. 그래서 모든 영화가 스토리

보드 작업을 철저히 진행할 수 있는 것은 아니다. 줄콘티(간단한 메모)를 바탕으로 촬영이 이루어질 때는 현장에서의 협력이 더욱 중요해진다. 배우는 자신의 위치와 동선을 다른 배우들과 함께 조율해야 하며, 카메라 움직임과 조명 설정을 고려해 연기해야 한다. 이를 통해 배우의 동작이 카메라 앵글과 조화를 이루고 다른 배우들과 상호작용하며 자연스럽고 효과적인 장면이 만들어질 수 있다. 에릭 로메르(Éric Rohmer)와 존 카사베츠(John Cassavetes)는 영화 제작 현장에서 즉흥 연기를 적극적으로 도입했다. 촬영 중 배우들에게 즉흥적으로 반응하고 행동할 수 있는 자유를 주었다. 이는 예상치 못한 순간과 진실된 감정을 포착하기 위함이었다. 현장에서 배우의 즉흥적인 연기는 감독, 촬영 감독과의 긴밀한 커뮤니케이션을 통해 이루어진다. 배우는 자신의 해석을 하면서도 감독의 지시에 따라 연기를 조정할 수 있는 능력이 필요하다.

결국 배우는 촬영 현장에서 자신의 연기가 카메라에 어떻게 담길지, 그리고 다른 배우들과 연기 호흡이 어떻게 맞아떨어질지를 고려해야 한다. 이는 스태프들과의 긴밀한 협업을 통해 이루어지며, 이러한 총체적인 접근이 영화 속 캐릭터를 생동감 있게 만들어 내는 핵심 요소가 된다.

편집을 고려한 연기

배우의 연기는 단순히 카메라 앞에서의 퍼포먼스에 그치지 않고, 촬영 후 편집 과정과 디지털 기술을 통해 재구성된다는 점을 깊이 이해해야 한다. 이는 촬영이 시나리오 순서대로 이루어지지 않고, 일정과 장소, 기술적인 이유에 따라 장면이 뒤죽박죽으로 촬영되며, 때로는 인간 배우의 연기가 디지털 휴먼으로 대체되거나 보완되기 때문이다. 이런 상황에서 배우는 편집과 디지털 기술을 고려한 연기를 통해 영화의 일관성과 감정선을 유지해야 한다.

첫째, 감정선 유지와 관련해서 배우는 각 장면이 영화에서 어떤 순서로 등장할지, 그리고 그 장면이 영화 전체에서 어떤 역할을 하는지를 고려해야 한다. 특히 상대 배우와 상호작용하는 장면에서는 존재하지 않는 대상과의 교감을 표현해야 한다. 예를 들어 영화 초반부와 후반부에 걸쳐 발생하는 사건들 사이의 감정적 변화를 표현해야 하는 경우, 배우는 그 시퀀스의 감정선을 철저히 이해하고 해당 장면을 촬영할 때 그 감정의 흐름을 일관되게 유지해야 한다.

둘째, 편집자는 다양한 테이크와 디지털 요소 중에서 최상의 장면을 선택하고 이를 조합해 영화의 흐름을 만들어 간다. 따라서 배우는 동일한 장면을 여러 번 촬영할 때 각 테이크에서 일관된 캐릭터의 성격, 감정, 몸짓을 유지하면서도 미묘한 차이를 주어야 한다. 이는 후반 작업에서 선택의 폭을 넓히고, 영화의 특정한 톤을 더 잘 전달할 수 있도록 하기 위함이다. 또한 상대 배우와 상호작용하는 장면에서는 정확한 타이밍과 시선 처리가 중요하다.

셋째, 배우는 신중하게 연기를 선택해야 한다. 편집과정과 디지털 기술을 통해 배우의 연기가 어떻게 재구성될지 예상하며, 각 장면에서 전달하고자 하는 감정과 이야기를 명확히 표현해야 한다. 이는 배우가 특정 장면에서 감정을 너무 과하게 표현하지 않도록 하거나, 반대로 너무 억제된 표현을 하지 않도록 조절하는 것을 의미한다.

마지막으로, 장면 간 연결성을 유지하기 위해서는 스토리의 순서와 관계없이 촬영된 각각의 장면들이 편집과정에서 매끄럽게 이어질 수 있도록 연기해야 한다. 이는 실제 촬영 장면과 디지털로 제작된 장면 사이의 자연스러운 전환을 위해서도 중요하다. 배우는 이전이나 이후에 촬영된 장면, 디지털로 제작될 장면과의 연결성을 고려해 감정과 행동이 자연스럽게 이어질 수 있도록 신경 써야 한다. 이는 영화의 완성도를 높이고 관객이 이야기에 몰입할 수 있게 만드는 데 중요한 역할을 한다.

영화배우의 연기 스타일

영화에서 배우와 그의 몸짓은 영상 예술의 장치와 함께 영화의 핵심 요소로 작용한다. 배우는 몸짓을 통해 캐릭터의 배경, 감정, 성격 등을 표현하며 관객이 캐릭터에 공감하고 이야기에 몰입하게 한다.

배리 킹은 영화에서 배우의 연기 스타일을 탈개성화와 개성화의 두 가지 방식으로 설명한다. 이는 배우가 캐릭터에 자신의 개성을 얼마나 반영하는지, 혹은 캐릭터에 몰입해 자기 자신을 얼마나 희생하는지를 논의하는 개념으로, 배우와 캐릭터 사이의 관계를 이해하는 데 중요한 이론적 틀을 제공한다.

탈개성화는 배우가 자신의 개성을 억제하고 연기하는 캐릭터에 완전히 몰입하는 방식이다. 배우는 자신의 고유한 특징이나 개인적 요소를 최소화하고 자신을 완전히 캐릭터에 녹아들게 한다. 그럼으로써 관객에게는 배우가 아닌 순수한 캐릭터만이 보이도록 하는 것을 목표로 한다. 탈개성화의 예로는 극적으로 변신하는 배우들, 예를 들어 메릴 스트립(Meryl Streep)이나 호아킨 피닉스(Joaquin Phoenix)가 있다. 이들은 각기 다른 역할에서 다른 인물로 변신하며, 자신의 고유한 성격을 최소화해 관객이 캐릭터에만 집중하게 만든다.

개성화는 배우가 연기하는 캐릭터에 자신의 고유한 개성과 특성을 반영하는 방식이다. 개성화된 연기에서는 배우의 개인적 특성이 캐릭터에 강하게 반영되어, 관객은 캐릭터와 배우 사이의 일종의 혼합된 이미지를 인식하게 된다. 개성화의 예로는 고유한 이미지와 스타일을 가진 배우들, 예를 들어 로버트 다우니 주니어(Robert Downey Jr.)나 스칼렛 요한슨(Scarlett Johansson)이 있다. 이들은 어떤 역할을 맡든지 자신만의 독특한 매력을 유지하며, 캐릭터에 자신의 개성을 강하게 반영한다.

이러한 탈개성화와 개성화의 개념은 배우의 몸짓과 밀접하게 연관되어 있다. 배우의 몸짓은 캐릭터를 표현하는 중요한 수단으로, 탈개성화된 연기에서는 캐릭터에 맞는 새로운 몸짓을 창조하고, 개성화된 연기에서는 배우 고유의 몸짓을 캐릭터에 적용하는 방식으로 나타난다. 이를 통해 배우는 자신의 신체로 캐릭터의 내면과 외면을 동시에 표현하며, 영화의 시각적, 정서적 풍부함을 더한다.

참고문헌

남승석(2023). '전지현 효과' 개념 제안을 위한 몸짓에 대한 고찰. ≪문화와 융합≫, 45(7), 879-892.

King, B.(2005). *The Actor in Film: Perspectives on Performance.* Oxford University Press.

Smith, J.(2020). *Elements of Film: From Script to Screen.* Cambridge University Press.

03
AI 영상 기술

AI 영상 기술의 주요 응용 분야와 그 작동 방식을 설명한다. AI 영상 기술의 급속한 발전은 영화와 미디어 산업에서 영화 제작, 편집, 특수 효과, 그리고 영상 콘텐츠 창작에 혁신적인 변화를 가져오고 있다. 디지털 휴먼과 관련된 핵심 기술을 검토하고 이러한 기술의 발전과 활용에 따라 제기되는 윤리적 문제와 지식재산 관련 이슈에 대해 살펴본다.

AI와 난임 극복?

AI 영상 기술의 작동 방식

딥페이크 기술과 페이스 스와핑

딥페이크(Deepfake)라는 용어의 유래를 살펴보자. 딥페이크는 '딥러닝(Deep Learning)'과 '페이크(Fake)'의 합성어로, 인공지능 기술을 이용해 만든 가짜 미디어 콘텐츠를 의미한다. 이 용어는 2017년 레딧(Reddit) 사용자 'deepfakes'에 의해 처음 사용되었다. 이 사용자는 유명인의 얼굴을 포르노그래피 영상에 합성한 비디오를 공유하면서 이 기술을 소개했고, 이로 인해 딥페이크라는 용어가 탄생했다. '딥러닝'은 인공지능의 한 분야로, 복잡한 패턴을 학습할 수 있는 신경망 기술을 의미하며, '페이크'는 가짜 또는 위조를 뜻한다. 따라서 '딥페이크'는 이 두 개념을 결합해, 딥러닝 기술을 사용해 만든 가짜 미디어 콘텐츠를 지칭한다. 현재는 AI를 이용해 생성한 사실적인 가짜 영상이나 음성을 통칭하는 용어로 널리 사용되고 있다. 기술적인 관점에서 좁은 의미로는 GAN(Generative Adversarial Networks)이라는 특정 딥러닝 기술을 사용한 가짜 콘텐츠를 지칭하기도 한다.

이처럼 딥페이크라는 용어는 기술의 발전과 함께 등장해 현재는 AI를 이용한 미디어 조작 기술을 대표하는 용어로 자리 잡았다. 이 기술은 엔터테인먼트 산업에서의 혁신적인 활용부터 개인정보 침해와 가짜 뉴스 확산 등의 우려까지 다양한 사회적 영향을 미치고 있다.

페이스 스와핑(Face swapping) 기술은 딥페이크 기술의 한 응용 분야로, 특히 엔터테인먼트 산업에서 많은 주목을 받았다. 이 기술을 통해 사용자들은 유명 인사들의 얼굴을 서로 교환하는 재미있는 경험을 즐길 수 있으며, 때로는 충격적인 결과를 만들어 경각심을 불러일으키기도 한다. 특히 중국의 영화 팬들 사이에서 인기를 끈 '자오(Zao)'라는 페이스 스와핑 앱은 사용자가 자신이 좋아하는 영화 장면에서 유명 배우의 얼굴을 자신의 얼굴로 바꿀 수 있게 해 준다.

하지만 이러한 기술은 심각한 윤리적 문제와 개인정보 침해 위험을 동반한다. 특히 이 기술은 디지털 성폭력에 악용되기 쉬우며, 피해자에게 트라우마를 주고 사회적 평판을 손상시킬 수 있다. 따라서 디지털 윤리 의식 함양과 미디어 리터러시 교육의 중요성이 부각되고 있으며, 이 기술의 윤리적 사용과 적절한 규제에 대한 사회적 논의와 협력이 시급히 요구된다.

딥페이크와 섈로페이크

딥페이크와 섈로페이크(Shallowfake)는 모두 미디어 조작 기술이지만, 그 방식과 복잡성에서 차이가 있다. 딥페이크는 인공지능과 딥러닝을 기반으로 한 고급 기술로, 다양한 형태를 취한다. 얼굴 재연을 통해 개인의 얼굴 특징을 정교하게 조작하고, 얼굴 생성으로 완전히 새로운 얼굴을 AI로 만들어 낸다. 또한 얼굴 스와핑으로 한 사람의 얼굴을 다른 사람의 얼굴로 자연스럽게 교체하며, 음성을 합성해 특정 인물의 음성을 AI로 재생성한다.

반면 섈로페이크는 더 기본적인 편집 기술을 사용한다. 간단한 사진 또는 비디오 편집 소프트웨어를 활용한 기존 미디어 콘텐츠를 선택적으로 변경한다. 섈로페이크는 AI나 딥러닝 시스템을 사용하지 않는다는 점에서 딥페이크와 구별된다.

두 기술의 주요 차이점은 다음과 같다. 기술의 복잡성 측면에서 딥페이크는 고급 AI 기술을 사용하지만, 섈로페이크는 기본적인 편집 도구만 사용한다. 결과물의 품질 면에서 딥페이크는 더 자연스럽고 정교한 결과물을 만들 수 있지만, 섈로페이크는 상대적으로 덜 정교할 수 있다. 제작 시간과 노력 측면에서 딥페이크는 많은 데이터와 학습 시간이 필요하지만, 섈로페이크는 더 빠르고 간단하게 제작할 수 있다. 탐지의 용이성 면에서 딥페이크는 더 정교해서 탐지하기 어려울 수 있지만, 섈로페이크는 상대적으로 탐지하기 쉬울 수 있다.

샐로페이크는 2018년 초에 주로 웹사이트 레딧에 유명인의 조작된 동영상이 등장하면서 대중화되었다. 흥미롭게도 '딥페이크'와 비교해 품질이나 양 측면에서 크게 다르지 않을 수 있다. 차이점은 주로 콘텐츠가 어떻게 제작되었는지, 제작 과정에서 어떤 유형의 기술을 사용했는지에 있다.

더빙 기술

더빙(Dubbing)은 최근 AI 기술의 발전을 통해 더욱 정교하게 진화하고 있다. 전통적인 방식에서 한 단계 나아가, AI는 이미 만들어진 오디오와 비디오 콘텐츠를 다른 언어로 더빙하는 데 중요한 역할을 하고 있다. 자연어 처리(NLP)와 기계 학습 알고리즘의 발전 덕분에, AI 기반 번역은 기존의 텍스트 음성 변환 기술을 넘어 더욱 자연스러운 음성을 구현하게 되었다.

예를 들어 영국의 신서시아(Synthesia)라는 회사는 데이비드 베컴이 녹음한 말라리아에 대한 공익 광고에 이 기술을 활용했다. 베컴은 이 광고를 영어로 한 번만 녹음했지만, AI 기반 번역을 통해 그의 메시지를 9개의 다른 언어로 더빙할 수 있었다. 이 과정에서 AI는 베컴의 입

움직임을 조작해 각 언어에 맞는 립싱크를 구현함으로써 더욱 실제와 같은 느낌을 주는 영상을 만들어 냈다.

이러한 기술은 글로벌 마케팅, 교육, 영화 및 방송 등 다양한 분야에서 활용 가능성이 매우 크며, 언어 장벽을 허물고 더 많은 사람에게 메시지를 전달할 수 있는 강력한 도구로 자리 잡고 있다.

에이징 기술

에이징(Aging)과 디에이징(De-aging) 기술은 AI를 활용해 촬영된 인물을 나이가 더 들거나 젊어 보이도록 변환하는 기술이다. 이 기술은 현재의 모습과 거의 완벽하게 일치하는 디지털 복제물을 생성할 수 있으며, 또한 인물의 어린 시절 이미지와 비디오를 활용해 초현실적인 디지털 트윈을 만들어 낼 수 있다. AI는 전통적인 헤어 및 메이크업 부서의 역할을 넘어서, 영화나 영상 제작에서 (디)에이징 기술의 발전에 중요한 이바지를 하고 있다.

이러한 기술이 사용된 대표적인 사례로 마틴 스콜세지 감독의 영화 〈아이리시맨(The Irishman)〉(2019)을 들 수 있다. 이 영화에서는 조 페시, 로버트 드니로, 알 파치노와 같은 배우들이 디에이징 기술을 통해 젊은 모습으로 등장한다. 특히 주목할 만한 점은 배우들이 촬영

중에 헤드기어나 트래킹 도트와 같은 특별한 장비를 사용하지 않았다는 것이다. 이를 통해 배우들은 기존의 자연스러운 연기 방식을 유지하면서도 원래보다 훨씬 젊은 모습을 표현할 수 있었다. 디에이징 시스템은 〈굿펠라스(Goodfellas)〉(1990) 및 〈카지노(Casino)〉(1995) 등과 같은 영화의 수천 프레임을 분석해, 약 25년 전 배우들의 젊은 시절 이미지를 바탕으로 〈아이리시맨〉의 배우들을 디지털로 젊게 만드는 데 사용되었다. 이러한 기술은 영화, 광고, 게임 등 다양한 분야에서 시각적 효과를 극대화하는 데 사용되며, 과거의 이미지를 현재로 재현하거나 반대로 미래의 모습을 시각화하는 데 유용하게 사용되고 있다.

음성 복제

음성 복제(Voice cloning)는 AI 기술을 활용해 특정 인물의 음성을 인공적으로 재현하는 기술이다. 이 기술은 사람의 음성 패턴, 억양, 어조 등을 학습해, 그 인물이 실제로 하지 않은 말을 마치 그가 한 것처럼 만들어 낼 수 있다. 이 기술은 1998년에 처음 등장했지만, 최근 기술의 발전으로 인해 몇 초의 짧은 음성 샘플만으로도 정교한 음성 복제가 가능해졌다.

음성 복제 기술이 사용된 대표적인 사례로는 2018년에 사망한 요식업계의 아이콘에 대한 다큐멘터리 〈로드러너: 앤소니 부르댕에 관한 영화(Road: A Film About Anthony Bourdain)〉(2021)다. 이 다큐멘터리에서 인공지능 음성 복제 기술을 사용한 장면은 많은 논란을 불러일으켰다. 해당 장면은 부르댕이 자신의 이메일을 소리내어 읽는 것처럼 보이는 장면이다. 실제로 부르댕이 읽은 것이 아니라, 그가 쓴 이메일 내용을 AI가 그의 목소리로 읽은 것이다. 이 이메일에서 부르댕은 자신의 우울함과 인생에 대한 회의적인 생각들을 표현하고 있다. 감독 모건 네빌은 이 기술을 사용함으로써 부르댕의 내면세계를 더 직접적으로 전달하고자 했다고 밝혔다. 이러한 기술 사용은 윤리적 문제를 제기했고 고인의 음성 복제를 허락 없이 수행한 것이 적절한가에 대한 논쟁이 있었다. 비평가와 부르댕의 지인은 이 기술 사용을 비윤리적이라고 비판했다.

이러한 기술은 영화, 방송, 게임, 교육과 같은 다양한 분야에서 활용될 수 있지만, 동시에 윤리적 논란도 불러일으키고 있다. 음성 복제를 통해 고인의 목소리를 재현하는 것에 대한 도덕적 문제나, 음성 복제를 악용해 허위정보를 퍼뜨릴 가능성 등이 그 예다. 기술의 발전에 따라 음성 복제의 사용에 대한 규제와 지침이 필요하다는 목소리가 커지고 있다.

AI가 음악을 창작하는 시대가 이미 현실이 되었고, 이는 음악 산업과 우리의 문화에 큰 변화를 가져오고 있다. AI가 음악 제작에서 차지하는 역할이 점차 커짐에 따라, 우리는 이러한 상황을 어떻게 수용할 것인지 고민해야 할 시점이다.

참고문헌

박희복 · 최민수(2018). 현대영화기술 변천과정에서 영상연기 그 방향성에 관한 연구. ≪연기예술연구≫, 13, 55-70.

정신영(2021). 기계와 예술사이 : 컴퓨터비전, 인공지능 그리고 이미지의 문제. ≪미술이론과 현장≫, 32, 89-125.

Altuncu, E., et al.(2024). Deepfake: definitions, performance metrics and standards, datasets, and a meta-review. *Frontiers in Big Data*, 7.

Catsoulis, J.(2021). 'Roadrunner: A Film About Anthony Bourdain' Review: Salt, Sugar and No Fat Morgan Neville's sharp and vividly compelling documentary tries to pin down a brilliant, troubled man. *The New York Times*.

04
디지털 휴먼

디지털 휴먼은 3D 컴퓨터 그래픽스를 통해 생성되는 가상의 인물로, 영화나 TV, 게임 등 다양한 미디어에서 실제 사람처럼 정교하게 구현되고 있다. 이러한 디지털 휴먼을 만들기 위해서는 모델링, 텍스처링, 리깅, 애니메이션, 렌더링 등 복잡한 제작 과정이 필요하며, 각 단계에서 높은 기술적 전문성과 예술적 창의력이 요구된다. 이 장에서는 현재 디지털 휴먼 제작에 사용되는 주요 기술들을 살펴본다.

AI와 사주?

디지털 휴먼의 도래

디지털 휴먼의 탄생과 활용

디지털 휴먼의 도래는 영화 산업에 커다란 변화를 가져오고 있다. 영화에서 디지털 휴먼의 활용은 기술의 발전과 함께 놀라운 수준으로 진화해 왔으며, 이제는 관객이 실제 인간과 구분하기 어려울 정도로 정교하게 만들어진 가상의 캐릭터들이 등장하고 있다.

디지털 휴먼의 개념은 2000년대 초반부터 점차 발전해 왔다. 영화 〈파이널 판타지〉(2001)는 최초로 완전한 CG로 만들어진 인간 캐릭터들이 등장했지만, 당시 기술적 한계로 인해 다소 부자연스러운 모습을 보였다. 그러나 최근 들어 이러한 기술적 한계는 크게 극복되었다. 예를 들어 〈로건〉(2017)에서는 젊은 시절의 휴 잭맨이 디지털로 재현되었으며, 이는 관객들에게 자연스러운 시청 경험을 제공했다.

디지털 휴먼은 영화와 TV에서 다양한 방식으로 활용되고 있다. 대표적인 예로는 영화 〈아바타(Avatar)〉와 〈스타워즈(Star Wars)〉 시리즈가 있다. 이들 작품에서는 완전한 가상의 캐릭터들이 이야기의 중심에 자리 잡으며, 매우 사실적인 외계 종족이나 로봇 캐릭터로 관객의 이목을 사로잡았다. 〈아바타〉 시리즈는 모션 캡처와 CG

기술을 결합해 판도라 행성의 나비족을 현실적으로 재현했으며, 〈스타워즈〉 시리즈에서는 인간과 닮은 가상의 종족이 마치 실제 존재하는 듯한 느낌을 주었다.

또한 디지털 휴먼은 사망한 배우를 스크린에 다시 등장시키는 데도 사용된다. 예를 들어 〈로그 원: 스타워즈 스토리〉(2016)에서는 1994년에 사망한 배우 피터 커싱이 디지털 기술을 통해 그랜드 모프 타킨 역할로 재현되었다. 이는 관객에게 시각적 경이로움을 선사했지만, 동시에 윤리적 논쟁을 불러일으켰다.

디지털 휴먼 기술의 발전은 더 이상 단순한 캐릭터 생성에 그치지 않고, AI 기술을 통해 더욱 상호작용을 하고 감정 표현을 하는 캐릭터를 만들어 내고 있다. 이는 가상 비서나 영화 속의 가상 인간으로서 새로운 가능성을 열어 주고 있으며, 영화 속에서 전통적인 연기 방식을 넘어선 새로운 표현 방식을 제시한다.

디지털 휴먼이 영화 산업에 미치는 영향

디지털 휴먼의 등장으로 영화 제작에 많은 변화가 나타나고 있다. 초기에 디지털 휴먼의 제작 비용은 매우 높았지만, 시간이 흐르면서 기술의 발전과 AI의 접목으로 비용이 크게 감소했다. 이는 영화 제작자들이 더 창의적인 선택을 할 수 있게 하며, 비용 문제로 시도하지 못했던 새로운 아이디어를 구현할 수 있는 기회를 제공한다.

그리고 디지털 휴먼은 인간이 연기할 수 없는 캐릭터나 상황을 표현해 새로운 이야기를 만들어 내는 도구로 작용할 수 있다. 이러한 기술은 영화 속 세계의 확장에 큰 기여를 하며, 관객에게 전혀 새로운 시청 경험을 제공한다. 예를 들어 외계 종족이나 환상적인 생명체를 현실적으로 표현할 수 있는 능력은 기존 한계를 뛰어넘어 더 풍부한 서사를 만들어 낼 수 있다.

그러나 이러한 기술 발전이 가져오는 윤리적 이슈도 무시할 수 없다. 특히 사망한 배우를 재현하는 것에 대한 도덕적, 법적 문제가 제기되고 있으며, 이는 앞으로 영화 산업이 해결해야 할 중요한 과제가 될 것이다.

디지털 휴먼의 도래는 영화 산업에 혁신적인 변화를 가져왔으며, 앞으로도 이 기술은 더욱 발전할 것이다. 이로 인해 영화 제작자는 새로운 표현의 가능성을 탐구할 수 있게 되었으며, 관객은 더욱 몰입감 있는 경험을 할 수 있게 되었다. 다만 이러한 기술의 발전과 함께 윤리적 문제에 대한 논의도 필수적이며, 기술과 윤리가 조화를 이루는 방향으로 나아가는 것이 중요할 것이다.

AI 기반 첨단 영상 기술

AI 기반 영상은 첨단 기술을 통해 탄생한 디지털 휴먼을 구현하고 그러한 캐릭터가 실제 인간과 유사하게 상호작용하고 감정을 표현할 수 있게 한다. 이러한 과정에서 사용되는 주요 기술은 딥러닝, 컴퓨터 비전, 자연어 처리 기술(NLP)이다.

AI 기술들

딥러닝은 인간의 얼굴 표정과 제스처를 학습한 신경망을 통해 디지털 휴먼의 자연스러운 움직임과 감정을 생성한다. 이 기술은 대규모 데이터셋을 활용해 인간의 다양한 표정과 움직임을 학습하며, 이를 바탕으로 디지털 휴먼이 현실감 있고 인간적인 반응을 보일 수 있게 한다. 예를 들어 딥러닝 모델은 기쁨, 슬픔, 분노와 같은 감정을 표현할 때 얼굴 근육의 미세한 움직임까지 재현해 캐릭터를 더욱 생동감 있게 표현되도록 한다.

컴퓨터 비전은 사용자의 표정, 제스처, 동작 등을 실시간으로 추적해 디지털 캐릭터에 반영하는 기술이다. 이 기술은 카메라나 센서를 통해 사용자의 움직임을 분석하고, 이를 디지털 캐릭터의 움직임에 반영한다. 사용자가 웃으면 디지털 캐릭터도 웃음을 짓고, 사용자가 손을 흔들면 캐릭터도 동일한 동작을 수행한다. 이러한 실시간 반응은 캐릭터와의 상호작용을 자연스럽게 만들어 가상 환경에서 몰입감을 높인다.

자연어 처리 기술은 디지털 캐릭터가 사용자의 음성이나 텍스트 입력을 이해하고 자연스럽게 대화를 진행할 수 있도록 한다. 이는 사용자의 의도를 분석하고 그에 맞는 반응을 생성하는 데 중요한 역할을 한다. 이를 통해 디지털 캐릭터는 단순히 미리 설정된 대사를 반복하는 것이 아니라 대화의 맥락을 이해하고 감정적으로 적절한 반응을 할 수 있다. 예를 들어 사용자가 "오늘 기분이 좋지 않아"라고 말하면, 캐릭터는 "무슨 일이 있었나요?"라고 응답하며 공감과 위로를 표현할 수 있다.

결론적으로 AI 기반 애니메이션은 딥러닝, 컴퓨터 비전, 자연어 처리와 같은 고도화된 기술을 결합하여 디지털 캐릭터가 더욱 현실적이고 인간적인 모습을 갖추도록 만든다. 이러한 기술들은 캐릭터의 감정 표현, 실시간 상호작용, 자연스러운 대화를 가능하게 해 게임, 영화, 가상 현실(VR), 증강 현실(AR) 등 다양한 분야에서 혁신적인 사용자 경험을 제공한다. AI 기반 애니메이션의 발전은 앞으로 디지털 캐릭터가 실제 인간과 거의 구별할 수 없을 정도로 정교해질 것임을 예고한다.

디지털 휴먼 제작: AI 기술과 과정

디지털 휴먼의 제작 과정은 매우 정교하고 세밀한 단계를 요구하는 복잡한 작업이다. 이 과정은 모델링, 애니메이션, 리깅, 텍스처링과 셰이딩, 렌더링 등의 주요 단계로 이루어져 있으며, 각 단계가 유기적으로 결합해 현실감 넘치는 디지털 캐릭터를 만들어 낸다. 각 단계는 고도의 기술적 전문성과 예술적 창의력이 결합해야만 실제 인간과 구별하기 어려운 수준의 사실성을 구현할 수 있다.

(1) 모델링

디지털 휴먼 제작의 첫 단계인 모델링(Modeling)은 캐릭터의 3D 구조를 개발하는 과정으로, 이후 단계의 품질을 결정짓는 핵심적인 역할을 한다. 이 과정은 주로 두 가지 접근 방식을 통해 수행된다.

하나는 3D 스캐닝 기술을 활용하는 것이다. 이 방법은 실제 인간의 얼굴과 신체를 정밀하게 스캔해 3D 데이터를 생성한다. 이를 통해 정확한 비율과 사실적인 인체 구조를 재현할 수 있으며, 특히 피부의 주름, 모공, 머리카락의 질감 등 세부 요소까지 포착해 현실감 있는 디지털 휴먼을 제작할 수 있다. 3D 스캐닝은 의료, 영화, 게임 등 다양한 분야에서 현실감 있는 캐릭터 제작에 활용된다.

또 다른 접근 방식은 디지털 조각(Digital Sculpting) 기법을 사용하는 것이다. 이 방법은 숙련된 3D 아티스트가 Z브러시(ZBrush), 블렌더(Blender), 마야(Maya)와 같은 전문 소프트웨어를 활용해 캐릭터를 조각하듯이 수작업으로 모델링하는 것이다. 디지털 조각은 아티스트의 창의성과 기술적 전문성이 결합해 특정한 디자인 요구를 반영하거나 독창적인 캐릭터를 제작하는 데 적합하다. 특히 비현실적이거나 상상력을 필요로 하는 캐릭터를 제작할 때 유용하며, 아티스트가 모델의 구조적 세부 사항을 수작업으로 정의하므로 높은 수준의 예술적 디테일을 구현할 수 있다.

모델링 단계에서 생성된 3D 구조는 이후 애니메이션, 텍스처링, 셰이딩 등의 작업에 직접적인 영향을 미치므로, 이 단계에서의 정교함과 정확성은 최종 디지털 휴먼의 품질을 결정짓는 중요한 요소다. 따라서 모델링 과정에서는 기술적 정밀함과 예술적 감각의 균형이 요구되며, 이를 통해 현실감 있고 생동감 있는 디지털 휴먼을 제작할 수 있다.

(2) 애니메이션

둘째 단계는 애니메이션(Animation)으로, 정적인 3D 모델에 동적 특성을 부여하는 과정을 포함한다. 이 단계는 캐릭터의 움직임과 표현을 사실적으로 구현하기 위한 핵심 단계로, 크게 모션 캡처 기반 방식과 키프레임 애니메이션 방식으로 나뉜다. 최근에는 딥러닝 기반 기술이 이 분야에 도입되면서 새로운 가능성을 열어 가고 있다.

첫째, 모션 캡처(Motion Capture) 기반 기술이다. 모션 캡처는 디지털 휴먼 제작에서 가장 널리 사용되는 애니메이션 구현 방식 중 하나로, 광학식(Optical), 관성식(Inertial), 기계식(Mechanical) 시스템으로 세분화된다. 특히 광학식 모션 캡처는 현대 디지털 휴먼 제작에서 가장 보편적으로 활용되며, 적외선 카메라와 반사 마커를 사용해 실제 배우의 동작을 초당 120~240프레임의 고해상도로 기록한다. 이 기술은 정확성과 자연스러운 동작 구현에서 탁월한 성능을 제공하며, 획득된 동작 데이터는 역운동학(Inverse Kinematics, IK) 알고리즘을 통해 디지털 캐릭터의 스켈레톤 구조에 매핑되어 사실적인 움직임을 구현한다(Kulkarni et al., 2022).

둘째, 키프레임 애니메이션(Keyframe Animation)과

절차적 애니메이션(Procedural Animation)이 보조적 방식으로 활용된다. 키프레임 애니메이션은 마야(Maya), 3ds 맥스(3ds Max)와 같은 전문 소프트웨어에서 시간축상의 주요 지점에 캐릭터의 포즈와 움직임을 정의하고, 중간 프레임은 보간법(Interpolation)을 통해 자동 생성하는 방식이다. 이 방법은 수작업이 필요하지만, 복잡하고 세밀한 동작을 직접 설계할 수 있다는 장점이 있다.

절차적 애니메이션은 물리 엔진과 알고리즘을 기반으로 반복적인 동작이나 환경과의 상호작용을 자동화한다. 이는 머리카락, 의상과 같은 비강체 물체의 자연스러운 움직임이나 예측 불가능한 상호작용을 구현하는 데 효과적이다.

셋째, AI 기반 딥러닝 애니메이션이다. 최근에는 딥러닝 기반의 애니메이션 생성 기술이 부상하며, 특히 GAN(Generative Adversarial Networks)과 트랜스포머(Transformer) 모델을 활용한 모션 합성 기술이 주목받고 있다. 이러한 기술은 기존 모션 캡처 데이터를 학습해 새로운 동작을 생성하거나, 실시간으로 움직임을 보정하는 데 활용된다. 딥러닝 기반 접근법은 특히 비용 효율성과 창의성 측면에서 큰 잠재력을 보유하고 있으며, 애니메이션 분야의 새로운 혁신을 이끌고 있다. 애니메이션 단계는 디지털 휴먼 제작 과정에서 사실성과 동적 표현을 부여하는 단계로, 다양한 기술적 접근이 결합해 최종 결과물의 품질을 결정한다. 모션 캡처의 높은 정밀도와 키프레임, 절차적 애니메이션의 세밀한 제어력은 다양한 요구에 맞는 애니메이션을 구현하는 데 기여한다. 여기에 AI 기반 기술이 더해지면서 디지털 휴먼 제작의 가능성이 지속적으로 확장되고 있다.

(3) 리깅

디지털 휴먼 제작의 셋째 단계인 리깅(Rigging)은 3D 모델에 '뼈대(rig)'를 추가해 캐릭터의 움직임을 정의하는 과정이다. 이 단계는 캐릭터의 관절, 근육, 피부의 움직임을 설정해 실제 인간과 유사한 자연스러운 동작을 구현하는 데 필수적이다. 리깅은 캐릭터가 걷거나 뛰는 동작부터 감정을 표현하는 세밀한 움직임까지 가능하게 만드는 핵심 단계다.

리깅은 캐릭터의 움직임을 정의하기 위해 다양한 구성 요소로 이루어진다. 첫째, 스켈레톤(Skeleton)은 캐릭터의 내부 구조를 구성하며, 각 관절의 위치와 관계를 정의한다. 이 구조는 캐릭터의 기본적인 움직임을 설정하는 기초가 된다. 둘째, 바인드 스킨(Bind Skin)은 스켈레톤에 모델의 표면(피부)을 연결하는 과정으로, 관절의 움직임에 따라 피부가 자연스럽게 변형되도록 설정한다. 셋째, 블렌드 셰이프(Blend Shape)는 얼굴 표정과 같은 정교한 변형을 가능하게 하며, 감정을 표현하는 데 주로 사용된다.

리깅 단계는 단순히 뼈대를 추가하는 데 그치지 않고, 이후 애니메이션 단계에서 캐릭터의 동작 효율성을 크게 향상시킨다. 잘 구성된 뼈대는 캐릭터의 움직임을 더 부드럽고 자연스럽게 만들어 주며, 애니메이터가 효율적으로 작업할 수 있도록 돕는다. 예를 들어, IK(Inverse Kinematics)와 FK(Forward Kinematics) 시스템을 활용해 손과 발의 움직임을 정교하게 조정하거나, 자동으로 움직임을 계산하는 기능을 제공한다. 이를 통해 애니메이션 작업의 복잡성을 줄이고, 제작 시간과 비용을 절감할 수 있다.

최근에는 AI 기반 기술이 리깅 과정에 도입되면서 정교함과 자동화 수준이 크게 향상되고 있다. 예를 들어 기계 학습 모델은 3D 모델의 구조를 분석하고 자동으로 스켈레톤을 생성하거나 관절의 움직임을 최적화할 수 있다. 또한 실시간 리깅 기술은 게임 및 가상 현실 환경에서 사용자 상호작용에 즉각 반응하는 동적인 캐릭터 구현을 가능하게 한다.

(4) 텍스처링 및 셰이딩

디지털 휴먼 제작의 넷째 단계는 텍스처링(Texturing)과 셰이딩(Shading)이다. 이는 캐릭터의 표면 질감을 세밀하게 표현하고 빛과의 상호작용을 설정함으로써 현실감을 극대화하는 과정이다. 이 단계는 디지털 휴먼이 단순한 3D 모델에서 벗어나 실제와 유사한 시각적 충실도를 갖추는 데 핵심적인 역할을 한다.

텍스처링은 캐릭터의 피부, 머리카락, 옷 등의 표면에 디테일을 추가하는 작업이다. 이 과정에서는 피부의 모공, 주름, 점, 머리카락의 결, 옷감의 질감까지 세밀하게 표현해 물리적 깊이와 현실감을 더한다. 특히 텍스처링 작업에서는 PBR(Physically Based Rendering)이 주로 활용된다. PBR은 표면의 질감과 광학적 특성을 물리적으로 정확하게 모델링해 사실적인 재질 표현을 가능하게 한다. 이를 통해 캐릭터는 빛의 변화에 따라 사실적으로 반응하며, 다양한 환경에서 시각적으로 일관된 품질을 유지할 수 있다.

셰이딩은 캐릭터가 빛과 상호작용하는 방식을 결정하는 작업으로, 반사, 투과, 그림자 등을 설정한다. 이 과정에서는 셰이더(Shader)라는 프로그램을 사용해 각 픽셀의 색상과 광학적 특성을 정의한다. 주요 셰이딩 기술로는 서브서피스 스캐터링(Subsurface Scattering, SSS)이 있다. SSS는 빛이 피부처럼 반투명한 표면을 약간 투과한 후 반사되는 현상을 모델링해 더욱 사실적인 피부 표현을 가능하게 한다. 이를 통해 디지털 휴먼은 단순히 외형적 사실감을 넘어, 빛과의 상호작용까지 고려된 고도의 현실감을 갖출 수 있다.

텍스처링과 셰이딩은 서로 보완적인 역할을 하며, 이 두 과정이 결합할 때 디지털 휴먼의 현실감은 극대화된다. 텍스처링이 세부적인 표면 질감을 구현한다면, 셰이딩은 이를 주변 환경에 자연스럽게 통합한다. 예를 들어 고해상도의 피부 텍스처가 셰이딩 과정에서 적절히 조명되어 실제와 구별하기 어려운 시각적 효과를 생성할 수 있다. 이러한 작업은 언리얼 엔진(Unreal Engine)이나 유니티(Unity)와 같은 렌더링 엔진에서 PBR 기반의 셰이더와 결합해 수행된다.

최근에는 머신러닝과 AI 기반 기술이 텍스처링 및 셰이딩 작업에 도입되면서 효율성과 품질이 크게 향상되고 있다. 예를 들어 GAN은 고해상도 텍스처를 자동으로 생성하거나 손상된 영역을 보완하는 데 활용된다. 또한 실시간 렌더링 기술의 발전으로 게임과 가상 현실 환경에서도 높은 품질의 텍스처와 셰이딩을 구현할 수 있다.

(5) 렌더링

디지털 휴먼 제작의 마지막 단계인 렌더링(Rendering)은 앞선 모든 제작 요소를 통합해 최종 결과물을 산출하는 핵심 과정이다. 이 과정은 모델링, 애니메이션, 텍스처링, 셰이딩 등에서 작업된 디지털 데이터를 물리적으로 정확히 계산하고 처리해 현실감 있는 2D 이미지나 영상을 생성하는 역할을 한다. 렌더링 단계의 품질과 효율성은 최종 결과물의 완성도를 결정짓는 중요한 요소다.

렌더링은 크게 실시간 렌더링과 사전 렌더링 방식으로 구분된다. 실시간 렌더링은 게임, 가상 현실, 증강 현실 애플리케이션에서 사용되며, 사용자의 입력에 즉각적으로 반응해 이미지를 생성하는 기술이다. 이 방식은 주로 GPU에서 병렬 처리를 통해 구현되며, 실시간 엔진을 활용한다. 실시간 렌더링은 프레임 속도와 지연 시간이 중요한 요소로, 사용자 경험에 직접적인 영향을 미친다. 반면 사전 렌더링은 영화, 애니메이션, 광고 제작과 같은 고품질 콘텐츠에 주로 사용된다. 이 방식은 광학적 계산의 정밀도를 극대화해 사실적인 조명과 텍스처 효과를 구현하며, 픽사(Pixar)의 렌더맨(RenderMan)이나 오토데스크 아놀드(Autodesk Arnold)와 같은 소프트웨어가 널리 활용된다.

렌더링 품질을 결정짓는 주요 기술적 요소들은 전역 조명, 레이 트레이싱, 앰비언트 오클루전 등이 있다. 전역 조명은 직접광뿐 아니라 간접광의 상호작용을 시뮬레이션해 빛의 확산과 반사를 구현한다. 레이 트레이싱은 빛의 반사, 굴절, 그림자를 물리적으로 정확히 시뮬레이션하는 기술로, 엔비디아(NVIDIA)의 RTX 기술이 대표적이다. 앰비언트 오클루전은 빛이 접근하기 어려운 표면 간의 좁은 공간에서 발생하는 미세한 그림자를 계산해 입체감을 강화한다.

현대의 렌더링 기술은 GPU 가속화와 AI 기반 디노이징으로 인해 비약적으로 발전했다. GPU 가속화는 병렬 처리 능력을 극대화해 복잡한 광학 계산을 빠르게 처리하며, 엔비디아의 RTX 시리즈와 AMD의 피델리티FX(FidelityFX) 기술은 실시간 환경에서 고품질 렌더링을 가능하게 한다. AI 기반 디노이징은 렌더링 과정에서 샘플 데이터를 줄이고도 높은 품질의 이미지를 생성할 수 있게 해 준다.

렌더링된 최종 출력물은 그 활용 목적에 따라 다양한

포맷으로 제작된다. 영화 및 방송용 콘텐츠에는 EXR이나 ProRes와 같은 고해상도 포맷이 사용되며, 웹 및 모바일 환경에서는 JPEG, PNG, MP4 등 최적화된 압축 포맷이 활용된다. 이러한 렌더링 결과물은 색상 보정, 시각 효과 추가, 편집 등의 후반 작업을 거쳐 최종 콘텐츠로 완성되며, 이는 시청자들에게 최적의 시각적 경험을 제공한다.

이러한 디지털 휴먼의 제작은 단계마다 높은 기술적 전문성과 예술적 창의력이 필요하다. 모델링에서 렌더링에 이르는 모든 과정이 유기적으로 결합해야만 실제 인간과 구분하기 어려운 수준의 디지털 휴먼이 완성될 수 있다. 디지털 휴먼을 제작하는 이러한 AI 기술은 영화와 게임을 비롯한 다양한 분야에서 변화를 이끌고 있으며, 디지털 휴먼을 활용하는 범위는 앞으로 더욱 확장될 것으로 보인다.

참고문헌

김한나(2023). 디지털 휴먼의 분류 및 사회적 한계 분석 연구. 석사학위논문. 한세대학교 대학원.

서영호 외(2021). 디지털 휴먼의 현재와 미래. ≪방송과 미디어≫,, 26(4), 72-81.

애홍연(2020). 사이보그 캐릭터 유형의 변이 연구. 박사학위논문.

한서대학교 일반대학원.
형건민(2018). 포스트휴머니즘을 통한 '사이버펑크' 영화에서의 피조물 캐릭터 연구. 석사학위논문. 건국대학교 대학원.
홍진욱(2022). 메타버스에서 나타난 플랫폼 비즈니스와 디자인 트렌드의 상관관계에 관한 연구. 석사학위논문. 한양대학교 대학원.
de Ruiter, A.(2021). The Distinct Wrong of Deepfakes. *Philos. Technol.* 34, 1311-1332.

05
로봇

이번 장에서는 영화에 등장하는 로봇의 특성과 기술적 구현 방식을 살펴본다. 영화 속 캐릭터 구현에서 디지털 휴먼과 로봇은 각각 다른 영역에서 중요한 역할을 수행한다. 디지털 휴먼이 가상 환경에서 시각적, 상호작용적 역할을 맡는다면, 로봇은 물리적 환경에서 다양한 작업을 수행하는 기계적 존재다. 두 존재는 인공지능의 발전과 함께 진화하면서 영화의 핵심 요소로 자리 잡았으며, 캐릭터를 더욱 현실감 있게 구현하는 데 기여하고 있다.

AI와 아이돌?

영화 속 로봇 : 인간과 비인간

영화에서 로봇은 인간의 상상력을 자극하며, 노동 문제와 기술 발전에 대한 기대와 두려움을 동시에 반영한다. 특히 인공지능과 자율성을 가진 로봇들이 등장할 때 이러한 주제는 더욱 두드러진다. 예를 들어 〈매트릭스(The Matrix)〉(1999)와 〈블레이드 러너(Blade Runner)〉(1982)는 인간과 비인간의 경계에 대한 철학적 질문을 던진다.

우선, 〈매트릭스〉는 어두운 디스토피아적 현실에서 주인공이 다양한 로봇에게 쫓기는 모습을 그린다. 한편 현실처럼 보이는 가상 현실에서는 디지털 휴먼인 스미스 요원이 등장해 긴장감을 더한다. 이 영화는 인간이 만든 인공지능이 통제 불가능해지면서 결국 인간을 지배하고, 모든 인간의 의식을 가상 현실 속에 가두는 세계를 배경으로 한다. 〈매트릭스〉는 인간이 창조한 비인간적 존재가 결국 인간을 초월하는 존재로 발전할 수 있다는 두려움을 형상화함과 동시에, 우리가 현실이라고 믿는 세계조차 인공적 허상일 수 있다는 철학적 의문을 제기한다.

다음으로, 〈블레이드 러너〉는 필립 딕의 소설 『안드로이드는 전기 양을 꿈꾸는가?』를 원작으로 한 영화다. 미래 도시 로스앤젤레스를 배경으로, 인간과 거의 구분되지 않는 레플리칸트라는 존재를 다룬다. 레플리칸트는 생물학적으로 만들어진 안드로이드로, 외형과 기능 면에서 인간과 거의 동일하다. 이들은 복잡한 감정과 인지 능력을 지니고 있지만, 본질적으로 인간이 설계한 인공 생명체다. 영화 속에서 레플리칸트는 주로 위험한 작업이나 인간이 기피하는 일을 수행하기 위해 사용된다.

인간이 창조한 기계(비인간들)

비인간의 종류들

비인간 존재들, 즉 로봇, 안드로이드, 휴머노이드, 사이보그, 레플리칸트, 가이노이드를 살펴보고 이들이 디지털 휴먼과 어떤 관계를 가지는지 살펴본다.

우선 로봇은 일부 프로그래밍된 동작을 수행할 수 있는 모든 기계 장치를 지칭한다. '로봇'이라는 단어는 체코어 로보타(robota)에서 유래했으며, 이는 '노동', '노예', '힘들고 단조로운 일'을 의미한다. 이 용어는 1920년 체코 극작가 카렐 차페크(Karel Čapek)의 희곡『로숨의 유니버설 로봇(Rossum's Universal Robots)』에서 처음 등장했다. 차페크는 이 작품에서 인간을 닮은 기계를 묘사하며 '로봇'이라는 명칭을 도입했다. 이처럼 로봇의 개념에는 단순한 자동화를 넘어서는 '자율성'이 핵심 요소로 자리 잡는다.

프로그램된 동작이 없는 단순한 기계는 로봇으로 간주되지 않는다. 예를 들어 수동으로 제어되는 원격 조종 자동차는 로봇이 아니지만, 스스로 동작을 계획하고 실행하는 자율주행 자동차는 로봇에 해당한다. 따라서 로봇은 기계적 구조와 더불어 자율적으로 작동할 수 있는 프로그래밍 및 센서 시스템을 포함해야 한다. 이는 로봇이 인간과 유사한 '행동 주체'로 인식되는 근거가 된다.

FSD와 로봇 택시

FSD(Full Self-Driving)와 로봇 택시는 완전 자율주행 기술과 이를 활용한 서비스 모델을 각각 지칭한다. FSD는 운전자의 개입 없이 차량이 자율적으로 주행할 수 있게 하는 기술로, 자율주행 기술의 궁극적인 목표를 실현한다. 한편, 로봇 택시는 이러한 자율주행 기술을 기반으로 승객을 목적지까지 무인으로 운송하는 서비스를 의미한다.

FSD와 로봇 택시의 기술적 진보는 새로운 비즈니스 모델의 출현을 촉진하고 있다. 예를 들어 FSD 기술을 구독 서비스 형태로 제공하면 일반 차량도 자율주행 기능을 추가적으로 활용할 수 있다. 이는 소비자에게 접근성을 높이는 동시에 차량 소유자에게 추가적인 수익 창출 기회를 제공한다. 구체적으로, FSD 기능이 탑재된 차량이 로봇 택시로 운용되면 차량 소유자는 이를 통해 새로운 수입원을 확보할 수 있다. 이러한 변화는 차량 소유 자체가 수익 창출 도구로 활용하는 새로운 패러다임을 제시한다.

이러한 기술적 발전은 단순히 로봇 기술을 활용한 비즈니스 모델의 혁신에 그치지 않는다. FSD와 로봇 택시는 인공지능 기술을 기반으로 한 새로운 수익 창출 방식을 제시하며, 운송 산업 전반에 걸쳐 혁신을 불러일으킬 잠재력을 가진다. 이로 인해 경제적 파급 효과는 운송 분야를 넘어 디지털 휴먼과 같은 기술과의 융합을 포함해 광범위한 산업으로 확장될 가능성이 있다. 향후 FSD와 로봇 택시 기술은 운송 산업의 혁신적 변화를 이끄는 핵심 요소로 자리 잡을 뿐만 아니라, 디지털 경제와 기술 발전의 중요한 동력이 될 것으로 기대된다.

안드로이드와 휴머노이드

안드로이드라는 용어는 인간을 뜻하는 그리스어 andro-와 형상을 뜻하는 eidos의 합성어로, 인간 형상의 로봇을 의미한다. 원래 안드로이드에서 '인간'은 남성을 지칭하는 의미이지만, 현대에는 성별에 무관하며 인간과 유사한 로봇을 포괄적으로 지칭하는 용어로 사용된다. 안드로이드는 외형적으로 인간과 유사하게 설계되며, 이는 인간과의 상호작용에서 친근감을 형성하고 자연스러움을 구현한다.

휴머노이드라는 용어는 인간(human)과 형상(-oid)의 결합으로, 인간과 유사한 형태를 가진 존재를 의미한다. 이 용어는 1870년대에 유럽인이 식민지화한 지역의 원주민을 지칭할 때 처음 사용되었다. 현대적 맥락에서 휴머노이드는 인간과 비슷한 형태를 가진 로봇이나 기계적 존재를 뜻한다. 안드로이드가 인간의 외형과 유사성을 강조하는 데 반해, 휴머노이드는 인간의 기본적인 신체 구조(머리, 팔, 다리 등)를 모방해 설계된 모든 로봇을 포함하는 포괄적인 개념이다.

사이보그와 레플리칸트

사이보그는 기계와 인간의 융합을 의미하며, 기계 부품을 활용해 감각을 대체하거나 신체 능력을 증강한 살아있는 유기체를 지칭한다. '사이버'라는 용어는 사이버네틱스(Cybernetics)에서 비롯되었으며, 이는 동물과 기계의 제어 및 상호작용을 연구하는 학문이다. 노버트 위너(Norbert Wiener)가 제안한 사이버네틱스의 개념은 인간의 생물학적 한계를 극복하기 위해 기계적 요소를 신체에 통합하는 사이보그의 개념으로 발전되었다. 사이보그는 의학, 군사, 미래학 등 다양한 분야에서 중요한 연구 주제로 자리 잡고 있다. 사이보그는 원래 인간이었던 존재가 신체의 일부에 기계 장치나 전자기기를 이식하여 신체 기능을 보완하면 해당한다. 예를 들어 인공 팔다리, 시각 보조 장치, 또는 두뇌와 연결된 신경 인터페이스를 가진 인간은 사이보그로 간주될 수 있다.

레플리칸트(Replicant)는 유전공학적으로 제작된 가상의 생물공학적 휴머노이드를 의미하며, 인간과 거의 동일한 외형과 능력을 가진 존재다. 영화 〈블레이드 러너〉(1982)에서 등장한 이 개념은 생명공학 기술의 결과물로, 인간과 같은 외모를 가지지만 생물학적 재료로 제작된 존재를 지칭한다. 레플리칸트는 본질적으로 인간과 구분하기 어려운 외형과 복잡한 감정을 가지며, 종종 위험한 작업이나 인간이 기피하는 작업에 활용된다. 레플리칸트는 생물학적 기반을 가지므로, 기계적 부품을 가진 사이보그와 달리 외형적으로는 완벽히 인간처럼 보이지만, 유전적으로 설계된 특성과 수명을 통해 인간과 차별화된다.

가이노이드

가이노이드(Gynoid)는 그리스어에서 여성(gyne)과 형상(-oid)을 결합해 만들어졌다. 가이노이드는 여성의 외형와 본성을 모방하는 로봇이다. 인간성과 기술의 경계를 탐구하는 상징적 존재로 등장한다. 다음 두 편의 영화 사례를 통해 이를 살펴본다.

(1) 〈메트로폴리스(Metropolis)〉(1927)에서 로봇 마리아는 가이노이드의 개념을 대중에 널리 알린 초기 사례 중 하나다. 영화 속 거대 도시 메트로폴리스는 상층부의 번영한 세계와 지하 세계의 고된 노동 환경으로 철저히 분리된 디스토피아적 사회를 묘사한다. 노동자들에게 희망과 위로를 주는 인물인 인간 마리아는 이들 사이에서 중요한 상징적 역할을 한다. 그러나 산업가 요한 프레더센은 지배 체제를 유지하기 위해 천재 과학자 로툽에게 마리아와 동일한 외형을 가진 로봇을 만들도록 한다. 로봇 마리아는 인간 마리아의 순수함과 대조적으로 노동자들을 선동하며 혼란과 폭력을 조장한다. 이로 인해 도시 전체가 폭동과 파괴의 혼란 속으로 빠져든다. 영화에서 인간 마리아는 정의와 순수의 상징으로, 계층 간

갈등을 해결할 중재자의 역할을 맡는다. 반면, 로봇 마리아는 인간과 기계의 경계, 기술과 노동의 관계에 대한 철학적 질문을 던지는 상징적 존재로 그려진다.

(2) 〈정이〉(2023)는 정이를 중심으로 기술 발전과 인간성의 관계를 탐구한다. 영화는 22세기의 기후 변화로 살기 어려운 환경이 된 미래를 배경으로 한다. 인간들은 지하 세계로 이동해 살아가며, 연구소에서는 최고의 전사를 복제 생산하기 위한 실험이 진행된다. 정이는 전쟁 영웅이었으나 치명적인 부상으로 생명을 잃는다. 그녀의 딸 윤서현은 어머니의 뇌 데이터를 복제해 전투형 AI 병사로 재탄생시키기 위한 연구를 진행한다. 정이는 단순한 실험체를 넘어 서사를 이끄는 두 가지 중요한 역할을 수행한다. 이제 정이는 '전투형 AI 모델'로서 '기술적 진보의 상징'이다. 인간의 기억과 감정을 복제하는 실험체로 활용되며, 이를 통해 영화는 기술 발전의 한계와 윤리적 문제를 탐구한다. 정이는 인간성과 기계적 복제의 경계를 논의하는 매개체가 된다. 정이는 윤서현의 어머니로서, 과학적 실험의 대상일 뿐만 아니라 '인간적인 감정'을 가진 존재로 등장한다. 이 과정은 정이가 감정적이고 철학적인 논의를 풍부하게 만드는 캐릭터임을 보여준다.

이렇게 가이노이드는 여성의 외형을 모방한 기계적 존재로, 영화 속에서는 인간성과 비인간성, 기술과 윤리의 경계를 탐구하는 상징적 역할을 한다.

디지털 휴먼과 로봇

챗봇과 로봇의 비교

디지털 휴먼과 로봇은 모두 인공지능을 기반으로 하지만, 디지털 휴먼인 챗봇은 주로 소프트웨어 기반의 상호작용에서 작동하며, 로봇은 물리적 환경에서 작업을 수행하는 기계적 존재로 구체화된다.

(1) 챗봇(Chatbot)은 디지털 휴먼의 소프트웨어적 구현으로 주로 텍스트나 음성을 통해 사용자와 상호작용하는 소프트웨어로, 고객 지원, 정보 제공, 또는 간단한 작업 자동화를 위해 설계된다. 물리적 형태 없이 컴퓨터, 스마트폰, 또는 웹 애플리케이션에서 실행되며, 다음과 같은 특징을 가진다.

초기 챗봇은 사전에 정의된 질문과 답변 세트를 기반으로 작동하며, 정해진 시나리오 내에서만 대화를 수행했다. 예를 들어, 고객의 계정 정보 확인, 주문 상태 조회, 또는 FAQ 응답 등에 활용되었다.

이후 머신러닝과 자연어 처리(NLP) 기술이 결합된 챗봇은 학습 능력을 바탕으로 점차 복잡한 대화를 처리할 수 있게 되었다. 예를 들어 챗GPT와 같은 고급 챗봇은 사용자의 의도를 파악하고, 문맥을 이해하며, 더욱 자연스러운 대화를 생성할 수 있다. 은행의 고객 서비스, 전자 상거래에서의 추천 시스템, 교육 플랫폼에서 학습자 질문 응답 등 다양한 분야에서 디지털 휴먼의 임무를 수행한다.

(2) 로봇(Robot)은 물리적 환경의 인공지능 구현으로 물리적 형태를 가진 기계적 존재로, 물리적 환경과 상호작용하며 다양한 작업을 수행한다. 로봇은 제조업, 가정, 의료, 군사 등 다방면에서 사용되며, 팔, 바퀴, 센서 등 물리적 부품을 포함하고 있어 환경 정보를 수집하고 작업을 수행할 수 있다. 센서는 주변 환경을 감지하고, 모터는 로봇이 물리적 동작을 수행할 수 있도록 한다. 제조업 로봇은 조립 설비에서 반복적인 작업을 수행하며, 가정용 로봇은 일상적인 작업을 자동화한다. 의료용 로봇은 수술이나 치료를 지원하며, 군사 로봇은 탐색 및 구조 작업에 활용된다. 로봇은 인공지능과 결합해 주변 환경을 분석하고 독립적인 판단과 의사 결정을 수행할 수 있다. 예를 들어 자율주행 로봇은 경로를 계획하고 장애물을 회피하며 목표 지점에 도달할 수 있다.

두 존재 모두 향후 더욱더 지능적이고 유용한 형태로 우리 세상으로 통합될 것으로 예상된다.

영화 속에서 구현된 현실과 가상의 경계 허물기

가상 현실과 증강 현실 기술이 발전하면서 이러한 개념은 점점 더 실현 가능성이 커지고 있다. 〈레디 플레이어 원(Ready Player One)〉(2018)은 이러한 설정을 잘 보여주는 대표적인 작품이다. 이 영화에서는 주인공들이 가상 현실 세계인 '오아시스'에서 디지털 아바타를 통해 활동하며, 다양한 로봇들이 등장한다. 이 가상 세계 속에서 로봇들은 단순한 NPC(Non-Player Character)의 역할을 넘어서, 플레이어들과 상호작용하는 에이전트 역할을 한다.

이 영화는 가상 현실이 단순한 도피처가 아닌, 실제 세계에 직접적인 영향을 미치는 공간으로 변모할 가능성을 제시한다. 가상 환경에서의 사건은 현실 세계의 문제를 해결하는 데 중요한 역할을 하며, 디지털 휴먼과 로봇이 이를 매개하는 도구로 작동한다. 영화에서 디지털 휴먼과 안드로이드는 각자의 역할과 존재 방식에서 기술과 인간의 융합 가능성을 탐구하는 도구로 작동한다.

디지털 휴먼은 오아시스의 아바타로 사용자의 정체성

을 대변한다. 그리고 가상 세계에서 의사 결정과 상호작용의 주체가 된다. 이들은 인간처럼 보이고 행동하며, 가상 환경의 물리적 제약을 초월해 자유롭게 활동한다. 디지털 휴먼은 가상 세계에서 사용자의 상상력과 창의성을 구체화한다.

안드로이드는 물리적 환경에서 실질적인 작업을 수행하거나 현실 세계에서 인간을 돕는 역할을 한다. 예를 들어 영화 속 로봇 캐릭터들이 플레이어들을 돕거나 방해하는 역할을 통해, 가상과 현실의 상호작용이 기술적으로 확장될 가능성을 보여 준다. 이들은 현실에서의 실질적 문제 해결에 초점을 맞추며, 물리적 존재로서의 인간성을 반영한다.

디지털 휴먼과 로봇 : 장애 배우의 연기 지속 가능성

현대 기술은 장애를 입은 배우가 디지털 휴먼과 로봇을 활용해 연기 활동을 지속할 수 있는 혁신적 가능성을 제시한다. 특히, 영화 〈레디 플레이어 원〉에서 보여 준 가상과 현실의 경계 허물기와 앞서 언급된 FSD(Full Self-Driving) 구독 및 로봇 택시 운행 모델을 장애인 배우의 상황에 적용하면 더욱 구체적인 비전을 제시할 수 있다. 이러한 접근은 인간성과 기술의 융합을 통해 연기 활동의 한계를 확장하는 동시에, 새로운 비즈니스 모델의 가능성을 탐구하는 데 중요한 역할을 한다.

FSD 모델의 적용: 디지털 휴먼을 활용한 가상 연기

장애를 입은 배우는 인공지능 서비스를 구독해 디지털 휴먼을 생성하고 이를 통해 가상 현실과 증강 현실 환경에서 연기를 지속할 수 있다. 디지털 휴먼은 3D 모델링과 고성능 그래픽 처리 기술을 활용해 실시간 렌더링으로 구현된다. 배우는 뇌에 이식된 칩이나 뇌-컴퓨터 인터페이스(BCI)를 사용해 자신의 생각과 의도를 디지털 휴먼의 동작과 표정으로 변환할 수 있다. 이를 통해 물리적 한계를 넘어 메타버스와 같은 가상 환경에서 생동감 있는 연기를 실현할 수 있다.

디지털 휴먼은 영화, 공연, 광고 등의 다양한 분야에서 배우의 정체성과 창의성을 대변하며, 관객과 상호작용을 통해 새로운 예술적 표현 방식을 제공한다. 이러한 기술은 배우가 물리적 한계를 극복할 뿐 아니라, 기존 연기 방식에서 벗어나 새로운 차원의 예술적 가능성을 탐구하는 데 기여한다.

자율성을 가진 로봇: 물리적 연기 대행

로봇은 디지털 휴먼과 달리 물리적 환경에서 연기를 수행할 수 있는 존재로, 장애를 입은 배우가 휴식을 취하거나 치료를 받는 동안에도 연기 활동을 지속할 수 있도록 돕는다. AI 기반 자율 로봇은 배우의 움직임과 표정을 학습해 실제 영화 촬영 현장이나 무대에서 물리적 연기를 대행할 수 있다.

로봇은 배우의 스타일과 특성을 분석해 고유한 연기 스타일을 보존하면서도, 배우의 의도를 충실히 반영한다. 배우는 원격으로 로봇의 동작을 제어하거나 미리 프로그래밍된 연기 동작을 실행하도록 설정할 수 있다. 이러한 로봇은 물리적 환경에서 연기를 필요로 하는 상황에서도 배우의 연기 활동을 지속적으로 지원하는 도구로 작용한다.

배우는 디지털 휴먼과 로봇을 활용하는 AI 서비스와 그래픽 렌더링 기술을 FSD 구독 형태로 이용할 수 있다. 이 구독 모델은 배우가 필요에 따라 디지털 캐릭터를 생성하거나 물리적 연기를 수행할 로봇을 제공한다. 이러한 서비스는 장애로 인해 활동이 제한된 배우에게 수익 창출 기회를 제공한다. 디지털 휴먼과 로봇은 공연, 영화, 광고 등의 프로젝트에서 배우의 분신으로 활동하며,

엔터테인먼트 산업의 비즈니스 모델이 될 수도 있다.

참고문헌

노버트 위너 지음, 김재영 옮김(2024). 『사이버네틱스 : 동물의 기계의 제어와 커뮤니케이션』, 읻다.

서의석(2021). AI 영화에 재현된 탈기술적 징후: 과잉 생산된 억압과 폭력성 - 〈메트로폴리스〉, 〈프랑켄슈타인〉, 〈라이프 라이크〉 -. ≪영화연구≫, 87. 39-83.

심혜경(2003). 사이보그 영화로 고찰하는 사이보그 여성주체. 석사학위논문. 중앙대학교 첨단영상대학원.

신희찬(2024). 『공각기동대』 다시 읽기-로봇의 존재론을 위하여-. ≪일본사상≫, 46, 65-99.

Hampton, G.(2015). *Imagining Slaves and Robots in Literature, Film, and Popular Culture: Reinventing Yesterday's Slave with Tomorrow's Robot*. Lexington Books.

Johnson, L.(2023). Robotic taxis: The future of urban transportation. *Autonomous Systems Review, 18*(2), 142-158.

Yousuf, K.(2024.10.27). The Thrilling Future of "Tesla Robot Taxis" : A Revolution in Urban Mobility, Medium.

06
배우의 IP

배우의 이미지와 퍼포먼스에 대한 권리와 계약 및 라이선스 문제들을 살펴본다. 영화배우는 저작인접권자로서 다양한 권리를 가질 수 있지만, 저작권법 제100조 제3항에 따라 그 권리는 자동으로 영화 제작자에게 양도된 것으로 추정된다. 만약 배우가 자신의 권리를 보호하고자 한다면, 출연 계약 시 별도의 약정을 통해 권리를 유보하거나, 라이선스 계약을 체결해 권리 사용에 대한 조건을 명확히 기술해야 한다.

AI와 야구?

배우의 IP관련 계약 및 라이선스

배우의 IP(Intellectual Property, 지식재산)는 배우가 자신의 이름, 이미지, 목소리, 서명 등을 상업적으로 보호하고 관리할 수 있는 권리를 의미한다. 그런데 지식재산권 중 저작권법에서는 창작자에게 저작권을 부여하는 것을 원칙으로 하고 있다.

영화배우는 저작권법상 실연자로 분류된다. 실연자는 저작물을 연기, 무용, 연주 등의 방식으로 표현하는 자를 의미하며, 저작인접권자로서 권리를 가진다. 영화배우로서 실연자는 자신의 실연에 대해 복제권, 배포권, 방송권 등의 권리를 가지며, 이는 자신의 연기가 포함된 영상저작물이 사용되거나 배포될 때 권리를 주장할 수 있는 법적 근거가 된다.

저작권법 제100조 제3항은 영상저작물 제작 과정에서 실연자의 권리 양도를 추정하는 특례 규정을 두고 있다. 영화와 같은 영상저작물에 실연자로 참여한 배우는, 특별한 계약이 없는 한, 그들의 저작인접권이 영화 제작자에게 자동으로 양도된 것으로 추정된다. 이는 영화 제작과 배급 과정에서 권리 문제를 간소화하고, 영화의 상업적 활용을 원활하게 하기 위한 목적이 있다.

따라서 영화배우가 영화에 출연할 경우, 별도의 약정

이 없는 한 그 배우는 자신의 실연에 대한 권리를 영화 제작자에게 양도한 것으로 간주된다. 이로 인해, 영화 제작자는 배우의 허락 없이도 그 배우의 실연이 포함된 영화를 복제, 배포, 방송, 전송할 수 있는 권리를 가진다.

배우는 권리 보호를 위한 계약의 중요성을 인지해야 한다. 저작권법 제100조 제3항의 적용으로 인해, 영화배우는 자신의 권리를 보호하기 위해 출연 계약 시 명확한 약정을 체결해야 한다. 배우는 특정 권리를 자신이 유지할 수 있도록 계약에 명시하거나, 제작자가 해당 권리를 사용할 때 추가적인 허락을 받도록 요구할 수 있다.

특히 최근에는 디지털 미디어와 스트리밍 서비스가 확산되며 영화가 다양한 플랫폼에서 활용되기 때문에, 영화배우는 자신의 권리가 어떻게 사용될지에 대해 신중히 고려할 필요가 있으며, 계약 단계에서 라이선스 계약을 통해 특정 권리를 유보하거나 추가적인 보상을 협상하는 것이 중요하다.

가라오케 LD 사건(대법원 96도 2856 판결)은 이러한 권리 양도 추정의 원칙을 확인해 주는 중요한 판례다. 이 사건에서 대법원은 저작권법 제100조 제3항에 따라, 영상 저작물에 출연한 배우의 권리가 특별한 약정이 없는 한 제작자에게 양도된 것으로 판단했다. 이는 영화배우가 자신의 실연에 대한 권리를 주장하기 어려운 상황을 보여 주며, 출연 계약 시 권리 설정의 중요성을 강조하는 판례다.

배우의 IP는 영화, TV, 광고, 게임 등 다양한 분야에서 중요한 이슈로 대두되고 있다. 디지털 기술의 발전과 함께, 배우의 이미지와 퍼포먼스를 보호하기 위한 명확한 계약과 라이선스의 필요성이 높아지고 있으며, 법적 권리와 윤리적 기준도 준수해야 한다. 배우의 IP는 여러 가지 법적 권리로 나눌 수 있으며, 특히 아래와 같은 주요 요소들을 포함한다.

배우의 주요 IP 권리들

퍼블리시티권

퍼블리시티권(Right of Publicity)은 배우나 유명 인사와 같은 공인들이 이름, 이미지, 목소리, 서명 등 개인적인 속성을 상업적으로 이용할 수 있는 권리를 의미한다. 이 권리는 타인이 해당 속성을 무단으로 사용해 경제적 이익을 얻는 것을 방지하고, 공인의 개인적 권리와 상업적 가치를 보호하기 위한 법적 장치다.

퍼블리시티권은 저작권, 상표권 등 다른 지적 재산권과 구별된다. 저작권은 창작물의 창작자에게 독점적 권리를 부여하는 반면, 퍼블리시티권은 개인의 이름이나 이미지 등 식별 가능한 속성을 보호한다. 상표권은 상품이나 서비스의 출처를 식별하기 위한 표시를 보호하는데, 퍼블리시티권은 주로 개인의 고유한 식별 요소를 보호하는 데 중점을 둔다.

저작권

저작권(copyright)은 배우가 창작한 창작물(예: 영상, 문서 등)에 대해 법적으로 보호받을 수 있는 권리를 의미한다. 이는 배우가 직접 창작한 콘텐츠에 대해 독점적인 사용 권리를 부여함으로써, 타인이 무단으로 이를 복제, 배포, 공연, 전시하거나 2차적 저작물을 생성하는 것을 방지한다. 저작권은 창작물이 고유한 표현을 담고 있을 때 자동으로 발생하며, 별도의 등록 절차 없이도 보호받을 수 있다.

보호 대상에는 배우가 출연한 영화나 드라마의 특정 장면, 인터뷰 영상, 자서전, 개인적으로 제작한 단편 영화, 사진집, 예술 작품 등이 포함된다. 예를 들어, 배우가 자신의 경험을 바탕으로 작성한 자서전을 출판하거나, 직접 제작한 영화를 배포하는 경우, 저작권을 통해 이러한 창작물이 법적으로 보호받을 수 있다. 또한 배우가 참여한 영화나 드라마의 특정 장면이 독창적인 연출이나 대사로 구성되어 있다면, 해당 장면 역시 저작권 보호를 받을 수 있다.

상표권

상표권(Trademark)은 배우의 이름, 캐릭터, 특정 문구 또는 로고 등을 상표로 등록해 상업적으로 보호하는 법적 권리다. 이를 통해 배우는 자신의 이름이나 브랜드를 보호하고, 타인이 이를 무단으로 사용하는 것을 방지할 수 있다. 상표권을 확보함으로써 배우는 자신의 이미지를 상업적으로 활용할 수 있는 독점적 권리를 지니게 되며, 브랜드 가치 향상에도 기여할 수 있다.

보호 대상에는 배우의 이름, 별명, 서명, 특정 캐릭터명 또는 이를 나타내는 로고 등이 포함된다. 예를 들어 유명 배우가 자신의 이름을 상표로 등록해 의류 라인, 향수 브랜드, 액세서리 등 다양한 상품을 론칭하는 경우, 상표권을 통해 이러한 브랜드를 보호받을 수 있다. 또한 이러한 상표는 라이선스 계약을 통해 추가적인 수익을 창출하는 수단으로도 활용될 수 있다.

초상권

초상권은 배우의 이미지, 사진, 영상 등을 배우의 동의 없이 무단으로 사용하는 것을 법적으로 금지하는 권리다. 이는 배우의 사생활과 인격권을 보호하기 위한 것으로, 특히 상업적 목적이나 대중의 오해를 불러일으킬 수 있는 방식으로 배우의 이미지를 사용하는 것을 제한한다.

초상권의 보호 대상에는 배우의 사진과 영상뿐만 아니라 개인적인 모습이 포함된 모든 형태의 미디어 콘텐츠가 포함된다. 예를 들어 배우의 얼굴이 식별될 수 있는 사진, 영화 속 장면, TV 출연 영상 등이 모두 보호받을 수 있다. 만약 배우의 동의 없이 이러한 이미지가 광고나 상품에 사용된다면, 해당 배우는 초상권 침해를 주장해 손해배상 청구나 사용 중지 등을 요구할 수 있으며, 심각한 경우 법적 소송으로 이어질 수 있다.

계약법 및 기타 라이선스

배우가 특정 영화나 광고에 출연할 때, 자신의 이미지나 목소리를 사용하는 조건을 명확히 계약으로 규정할 수 있다. 이러한 계약에는 IP 보호 조항이 포함될 수 있으며, 이를 통해 배우는 자신의 권리를 보호할 수 있다. 라이선스는 배우가 자신의 퍼블리시티권이나 상표권을 특정 기업이나 광고주에게 부여해 사용하게 할 수 있는 권리다. 예를 들어, 특정 브랜드가 배우의 이미지를 사용해 광고를 제작할 경우 이에 대한 라이선스 계약을 체결할 수 있다.

법적 보호와 관리는 배우의 권리를 보호할 수 있는 중요한 환경을 제공한다. 배우는 법적 조치를 통해 자신의 IP를 보호할 수 있다. 만약 누군가가 배우의 이름, 이미지, 목소리 등을 무단으로 사용한다면, 퍼블리시티권, 상표권, 초상권의 침해를 이유로 소송을 제기할 수 있다. 배우의 IP는 전문적인 관리가 필요하다. 에이전시나 법률 대리인을 통해 자신의 IP를 상업적으로 활용하는 계약을 체결하고, 무단 사용에 대한 모니터링을 지속적으로 수행해야 한다.

배우의 IP는 이름, 이미지, 목소리, 서명 등의 다양한 개인적 속성을 보호하는 권리로, 퍼블리시티권, 저작권, 상표권, 초상권 등이 포함된다. 이러한 권리를 통해 배우는 자신의 인기를 상업적으로 활용할 수 있으며, 무단 사용을 방지할 수 있다. IP 관리는 배우의 상업적 가치와 사생활을 보호하는 데 중요한 역할을 한다.

영화 〈프리 가이〉와 배우의 지식재산권

〈프리 가이(Free Guy)〉의 사례는 배우의 IP와 디지털 휴먼 관련 IP를 설명하는 데 적합하다. 〈프리 가이〉는 오픈 월드 비디오 게임 속 배경 도시인 프리 시티에서 무명의 은행원 NPC로 살아가던 주인공 가이(Guy)의 이야기를 중심으로 전개된다.

먼저, 가이를 연기한 배우 라이언 레이놀즈의 경우, 그의 퍼블리시티권이 중요한 요소로 작용한다. 퍼블리시티권이란 레이놀즈의 이미지, 목소리, 이름 등을 상업적으로 사용하는 권리를 의미하며, 이는 배우의 인격적 자산을 보호하는 핵심적인 법적 권리다. 특히, 디지털 휴먼 캐릭터인 '가이'의 생성 및 사용과 관련해서는 레이놀즈의 디지털 복제 동의권이 요구된다. 이는 디지털 기술을 활용해 그의 모습을 재현하거나 활용할 때 사전에 동의를 받아야 함을 의미한다.

또한 레이놀즈의 연기에 기반한 '가이'의 행동과 표정에 대한 저작권도 중요한 부분이다. 이는 배우의 실제 연기를 바탕으로 만들어진 디지털 캐릭터의 모든 표현이 저작권 보호를 받을 수 있음을 나타내며, 이러한 권리는 창작자의 법적 보호를 강화한다. 아울러 '가이'를 활용한 새로운 작품이 제작될 경우, 이는 2차적 저작물 권리의 범주에 포함되며, 레이놀즈는 해당 작품에 대한 저작권을 주장할 수 있다.

더불어, '가이'의 다양한 미디어 활용으로 발생하는 수익에 대해서도 레이놀즈는 수익 배분권을 가진다. 이는 디지털 자산을 통해 발생하는 경제적 이익이 공정하게 분배되도록 협상을 통해 결정되는 권리다. 나아가 디지털 휴먼 캐릭터가 실재 배우인 레이놀즈의 이미지나 평판을 해치지 않도록 관리할 이미지 관리권 또한 중요하다. AI 기술이 점점 더 정교해지면서 배우의 권리 범위는 재조정될 필요가 있으며, 이는 배우의 권리를 지속적으로 보호하기 위해 필수적이다.

참고문헌

강승묵(2010). 사법 : 퍼블리시티권의 상속에 관한 연구. ≪법학논총≫, 27(4), 187-213.

김민성(2022). 퍼블리시티권의 정합적 정립을 위한 법 구조 연구. ≪민사법학≫, 100, 273-309.

김윤명(2010). 퍼블리시티권의 저작권법적 보호에 대한 비판적 고찰. ≪산업재산권≫, 33, 307-334.

이상정(2024). 『디지털 휴먼과 법적 이슈: 영화배우의 권리』. 디지털미디어 출판사.

이해완(2023). 영상저작물 저작자와 시청각실연자의 권리 보호를 위한 저작권법 개정 방향. ≪성균관법학≫, 35(3), 195-256.

정상조 · 박준석(2021). 『저작권법 해설』(10판). 법문사.

정영미(2017). 4차 산업혁명, 디지털 배우의 출현과 지식재산권에 관한 고찰. 한국문화예술경영학회 춘계학술대회, 97-109.

조연하(2020). 인공지능 창작물의 저작권 쟁점 - 저작물성과 저작자 판단을 중심으로 -. ≪언론과법≫, 19(3), 71-113.

07
디지털 휴먼의 IP

이 장에서는 디지털 휴먼의 IP를 살펴본다. 최근 딥페이크 등의 AI 기술을 활용한 디지털 복제가 늘어나면서 배우의 퍼블리시티권과 저작권 침해 가능성이 커지고 있다. 특히 배우의 이미지, 음성, 퍼포먼스를 디지털로 복제하고 변형하는 과정에서 새로운 형태의 디지털 정체성 문제가 제기되고 있다. 디지털 휴먼의 IP가 배우의 IP
와 어떻게 연관되어 있는지, 그리고 이로 인해 발생하는 법적, 윤리적 문제들을 실제 사례를 통해 살펴보자.

AI와 윤동주?

디지털 휴먼의 IP

유럽연합(EU), 미국, 한국의 인공지능 관련 법규는 각 지역의 법적, 문화적, 사회적 배경을 반영해 상이한 접근 방식을 채택하고 있다. 이러한 법적 차이는 AI 기술의 발전 방향과 규제 체계를 결정하는 데 중요한 역할을 하며 기업과 사용자에게 미치는 영향도 크다.

이러한 맥락에서 영화 산업의 디지털 휴먼 관련 지식재산권 문제는 복잡하고 다면적인 특성을 지닌다. EU, 미국, 한국의 법적 체계 차이로 인해 디지털 휴먼에 대한 지식재산권(IP) 보호 방식도 상이하게 적용될 수 있다.

EU는 AI Act를 통해 개인의 권리를 우선시하며 엄격한 규제를 적용하고 있다. 2023년 5월 21일 최종 승인된 EU AI Act는 생성형 AI 서비스 제공자에게 AI 생성 콘텐츠에 워터마크 표시를 의무화하는 등 디지털 휴먼 생성 및 사용에 대한 엄격한 지침을 제시하고 있다.

반면 미국은 오픈AI, 구글 등 주요 빅테크 기업의 본사가 위치한 국가로, EU와 달리 연방 차원의 통일된 AI 규제 법률이 부재하다. 대신, 미국 국립표준기술연구소(NIST)에서 2023년 1월 AI 위험 관리 프레임워크(AI RMF)를 발표해 기준을 제시했다(NIST, 2023). 이로 인해 디지털 휴먼 관련 IP가 주별 또는 산업별로 상이하게 해석될 수도 있다.

한국은 AI 기술의 발전과 사회적 수용성을 균형 있게 고려하는 접근 방식을 채택하고 있다. 「AI 윤리기준」과 「지능정보화 기본법」을 통해 AI의 개발과 활용에 대한 기본 방향을 설정하고 있으며, 이는 디지털 휴먼의 윤리적 사용과 지식재산권 보호 간의 균형을 도모하는 것으로 해석된다.

한국 정부의 AI 정책은 지속적으로 발전해 왔다. 2019년 '인공지능 국가전략' 수립을 시작으로, 2020년 '인공지능 법·제도·규제 정비 로드맵'이 발표되었다. 이후 금융위원회의 '금융 분야 AI 기준'(2021), 국가인권위원회의 '인공지능 개발과 활용에 관한 인권 기준'(2022), 개인정보보호위원회의 '인공지능 시대 안전한 개인정보 활용 정책 방향'(2023) 등이 순차적으로 발표되었다.

2024년 5월 21일, 정부는 '새로운 디지털 질서 정립 추진 계획'을 발표했다. 이 계획은 '디지털 권리장전'의 5대 원칙을 토대로 20대 정책 과제를 제시하고 있으며, 그중 AI 관련 핵심 과제로 '인공지능 기술의 안전성, 신뢰·윤리 확보', '딥페이크를 활용한 가짜 뉴스 대응', 'AI 개발·활용 관련 저작권 제도 정비' 등이 포함되어 있다.

이런 정책은 한국 정부가 AI 기술의 발전과 그에 따른 사회적 변화에 체계적으로 대응하려는 노력을 보여 주고 있으며, 디지털 휴먼 관련 지식재산권 문제에 대한 접근 방식에도 영향을 미칠 것이다.

메타버스의 디지털 휴먼 IP

메타버스 환경에서 디지털 휴먼의 IP 보호는 현대 엔터테인먼트 산업이 직면한 중요한 과제다. 이는 영화 산업에서 특히 두드러지며, 디지털 휴먼 캐릭터의 외형, 의상, 액세서리 등에 대한 소유권과 거래 권한의 명확한 규정이 요구된다. 예컨대 〈아바타(Avatar)〉(2009), 〈레디 플레이어 원(Ready Player One)〉(2018)에서 디지털 캐릭터들에 대한 저작권 보호 체계 구축이 필요하다.

영화 산업과 블록체인 기술의 융합 측면에서, 영화 속 디지털 휴먼 캐릭터를 NFT(Non-Fungible Token, 대체 불가능 토큰)으로 발행해 소유권을 거래할 수 있게 하는 방안이 제안되고 있다. 예를 들어 〈블레이드 러너 2049(Blade Runner 2049)〉(2017)에 등장했던 디지털 휴먼 '조이'를 NFT로 발행해 팬들이 소유하고 거래할 수 있는 방식 도입이 고려되었다.

메타버스 플랫폼에서 영화 속 디지털 휴먼이 재현될 경우, 해당 플랫폼 사업자의 저작권 및 상표권 침해에 대한 책임 범위를 규정하는 기준 수립이 필요하다. 예컨대 〈매트릭스(The Matrix)〉 시리즈의 캐릭터들이 무단으로 메타버스 플랫폼에서 사용될 경우의 법적 대응 방안 마련이 요구된다.

디지털 휴먼 생성과 관련된 규제 측면에서, AI가 생성한 디지털 휴먼의 외모, 음성, 행동 등에 대한 저작권 귀속 문제가 중요한 쟁점으로 부각되고 있다. 예를 들어 〈엑스 마키나(Ex Machina)〉(2014)에 등장하는 에이바와 같은 AI 캐릭터를 AI가 자동으로 생성했다면, 그 저작권의 AI 개발자, 영화 제작사, 또는 원본 데이터 제공자 중 귀속 주체 결정이 필요하다.

디지털 휴먼의 행동이나 대사를 AI가 결정하는 경우, 그 의사 결정 과정의 투명성이 반드시 보장되어야 한다. 이는 스티븐 스필버그 감독의 영화 〈에이 아이〉(2001)에서 인공지능 로봇 소년 데이비드가 보여 주는 것처럼, AI 캐릭터의 행동 원리가 명확하게 설명될 수 있어야 함을 의미한다.

마지막으로, AI로 생성된 디지털 휴먼의 편향성 및 차별적 요소 배제를 위한 윤리 기준 수립이 필요하다. 예를 들어 〈그녀(Her)〉(2013)에 등장하는 AI 운영체제 사만다와 같은 캐릭터가 특정 인종이나 성별에 대한 편견을 보이지 않도록 하는 윤리적 프레임워크 구축이 요구된다.

메타버스와 현실 세계의 법적 연계

메타버스와 현실 세계의 법적 연계는 다음과 같은 주요 쟁점들을 내포하고 있다.

첫째, 메타버스 내 디지털 휴먼의 불법 행위에 대한 법적 책임 규정이 요구된다. 예컨대, 영화 〈프리 가이〉(2021)에서 메타버스 내에서 디지털 휴먼이 저지른 행위에 대한 법적 책임 소재와 범위를 명확히 설정해야 한다.

둘째, 현실 세계의 법률을 메타버스 환경에 적용하는 방식에 대한 지침 수립이 필요하다. 〈레디 플레이어 원〉에서 제시된 것과 같이, 가상 세계와 현실 세계 간의 법적 경계 설정 및 법률 적용 방식에 대한 체계적인 접근이 요구된다.

셋째, 디지털 환경의 탈중앙화 혹은 탈국가적 특성으로 인한 국제적 관할권 문제를 고려해야 한다. 메타버스의 초국가적 특성을 감안할 때, 법적 분쟁 발생 시 적용할 준거법 선정에 대한 국제적 합의가 필요하다. 〈아바타〉와 같이 다국적 기업이 개발한 가상 세계에서의 분쟁 해결 메커니즘 구축이 요구된다.

이러한 법적 쟁점들은 메타버스 기술의 발전과 함께 더욱 복잡해질 것으로 예상되며, 이에 대한 학제간 연구와 국제적 협력이 필요할 것으로 보인다.

경제적 규제

첫째, 메타버스 내에서 디지털 휴먼의 판매, 임대 등에 대한 과세 기준을 마련해야 한다. 예를 들어 영화 〈프리 가이〉에서 디지털 휴먼 가이(Guy)가 수행하는 가상 세계 내 경제 활동에 대한 과세 방안을 고려해야 한다. 주인공 가이는 처음에는 단순한 NPC로 시작하지만, 자의식을 갖게 된 후 다양한 경제 활동을 한다. 가이의 주요 경제 활동은 다음과 같다. 첫째, 게임 내에서 다양한 미션을 수행하며 레벨을 올리고 아이템을 획득한다. 둘째, 게임 머니를 모으고 게임 내 부동산을 획득한다. 셋째, 다른 플레이어들을 돕는 행위를 통해 보상을 받는다. 넷째, 게임 세계에서의 명성과 영향력을 통해 경제적 이익을 얻는다. 과세 방안을 실제로 적용하기 위해서는 가상 세계의 경제 활동을 현실 세계의 경제 체계와 연계하는 방법, 과세의 공정성 확보, 국제적 협력 등 여러 가지 복잡한 문제를 해결해야 할 것이다. 또한 이러한 과세가 게임의 재미와 창의성을 해치지 않도록 균형을 잡는 것도 고려 사항이 될 것이다.

둘째, 디지털 휴먼 관련 신규 비즈니스 모델 규제와 관련해서도 기준이 필요하다. 디지털 휴먼을 활용한 새로운 형태의 비즈니스에 대한 규제 프레임워크를 마련해야 한다. 〈그녀〉에 나오는 것과 같은 AI 비서 서비스나, 〈블레이드 러너〉의 레플리칸트 노동력 활용과 같은 새로운 비즈니스 모델에 대한 규제가 필요하다.

영화 〈그녀〉와 〈블레이드 러너〉에 나타난 디지털 휴먼 관련 비즈니스 모델에 대한 규제 프레임워크는 다음과 같이 제시할 수 있다.

우선, 〈그녀〉의 AI 비서 서비스 관련 규제는 다음과 같다. AI 기술을 이용한 감정을 이용하는 마케팅, 즉 감정적 유대 형성을 통한 마케팅은 제한될 것이다. AI 비서가 사용자와 깊은 감정적 유대를 형성하지 않도록 하는 규제가 필요하다. 이는 사용자가 현실과 가상의 경계를 명확히 파악하게 하기 위함이다.

둘째, 개인정보는 보호되고 투명성이 확보되어야 한다. AI 비서가 수집하고 처리하는 사용자의 개인정보에 대한 엄격한 보호 규정이 필요하다. 이는 데이터의 수집, 저장, 사용, 삭제에 관한 명확한 기준을 포함해야 한다. AI 비서의 의사 결정 과정과 알고리즘에 대한 투명성을 확보해야 한다. 사용자는 AI 비서가 어떤 원리로 작동하는지 알 권리가 있다.

셋째, 사용 연령 제한과 윤리적 기준이 확보되어야 한다. 정서적으로 취약할 수 있는 아동이나 청소년의 AI 비서 사용에 대한 제한이 필요할 수 있다. AI 비서가 윤리적 결정을 내릴 수 있도록 하는 기준이 필요하다. 예를 들어, 사용자에게 해로운 행동을 권유하지 않도록 해야 한다.

〈블레이드 러너〉의 레플리칸트 노동력 활용 관련 규제는 노동권의 보장과 차별 금지, 수명 및 폐기 규정과 안전 규정이 필요한데 이 모든 것은 레플리칸트의 자율성에 기반을 둔다.

첫째, 레플리칸트가 인간과 유사한 지능과 감정을 가진다면, 이들에게도 기본적인 노동권을 보장해야 한다. 이는 적정 근로 시간, 휴식, 보수 등을 포함한다. 레플리칸트에 대한 부당한 차별을 금지하는 규정도 필요하다. 이는 고용, 보수, 승진 등 모든 노동 관련 측면에서 적용되어야 한다. 레플리칸트의 제조, 유지 보수, 폐기 과정에서의 안전 규정이 필요하다. 레플리칸트의 수명 제한이나 폐기 과정에 대한 윤리적, 환경적 규정이 필요하다. 이를 위해서는 레플리칸트 자체의 안전뿐만 아니라 주변 인간의 안전도 고려해야 한다. 그리고 레플리칸트를 위험하거나 비윤리적인 목적으로 사용하는 것을 금지하는 규정이 필요하다. 또 레플리칸트의 자율적 의사 결정 능력이 발달함에 따라, 이들의 자기 결정권을 어느 정도 인정해야 할지에 대한 규정이 필요하다.

이러한 규제 프레임워크는 기술의 발전과 사회적 합의에 따라 지속적으로 업데이트되어야 할 것이다. 또한 이러한 규제가 기술 혁신과 경제 발전을 저해하지 않도록 균형을 잡는 것이 중요하다. 궁극적으로는 인간과 디지털 휴먼이 공존하는 사회에서 모두의 권리와 안전을 보장하는 것을 목표로 해야 할 것이다.

마지막으로, 윤리적 측면의 확장이 필요하다. AI 기술이 발전함에 따라 디지털 휴먼의 자율적 의사 결정 능력이 향상될 경우, 이에 대한 윤리적, 법적 지위를 규정해야 한다. 〈에이 아이〉의 데이비드와 같은 고도로 발달한 존재의 권리와 의무를 어떻게 정의할지 논의가 필요하다. 또한 디지털 휴먼을 이용한 사기, 허위 정보 유포 등을 방지하기 위한 모니터링 체계가 필요하다.

이러한 종합적인 논의를 통해, 우리는 영화 속 디지털 휴먼 기술이 현실화되는 과정에서 발생할 수 있는 다양한 법적, 윤리적 문제들을 사전에 파악하고 대비할 수 있다. 이는 기술 발전의 혜택을 최대한 누리면서도 개인의 권리와 사회적 가치를 보호하는 건전한 디지털 생태계를 구축하는 데 도움이 될 것이다.

사례 : 디지털 휴먼의 IP와 프리 가이

자의식을 가진 디지털 휴먼의 IP(Intellectual Property, 지식재산권)는 앞서 논의한 〈프리 가이〉의 사례를 통해 다양한 측면에서 살펴볼 수 있다. IP 적용 문제는 메타버스 시대에 다음과 같은 법적 및 윤리적 문제를 제기할 수 있다.

첫째, 저작권 문제가 있다. 디지털 휴먼 가이가 자의식을 갖고 창작 활동을 한다면, 그의 창작물에 대한 저작권 귀속 문제가 발생한다. 게임 개발자가 만든 NPC인 가이와 그가 자의식을 갖고 만든 창작물 사이의 저작권 구분이 필요해진다. 이는 생성형 AI의 창작물에 대한 저작권 문제와도 연결되는 복잡한 사안이다.

둘째, 퍼블리시티권 문제가 대두된다. 가이의 외형이 배우 라이언 레이놀즈를 기반으로 한다면, 인간 배우의 이미지 사용에 대한 권리 문제가 발생한다. 디지털 휴먼의 이미지를 상업적으로 활용할 때, 원 모델이 되는 실제 인물의 권리를 어떻게 보호할 것인지 신중히 고려해야 한다.

셋째, 특허권 보호 문제가 있다. 가이를 생성한 AI 기술이나 '프리 시티' 게임의 기술적 요소는 특허권 보호가 필요할 수 있다. 이 과정에서 디지털 휴먼 생성 기술의 혁신을 촉진하면서도 지식재산권을 보호하기 위한 균형을 맞추는 것이 중요한 과제가 된다.

넷째, 상표권 문제도 고려해야 한다. '가이'라는 이름이나 그의 독특한 외형이 상업적 가치를 지닌다면, 이에 대한 상표권 보호가 필요하다. 특히, 게임 회사와 디지털 휴먼 캐릭터 간 상표권 귀속 문제를 방지하기 위해 명확한 기준을 설정하고, 상표권 사용 및 이익 분배에 대한 협약을 마련해야 한다.

다섯째, 윤리적 고려 사항이 있다. AI가 자의식을 가지고 독립적인 결정을 내릴 수 있다면, 그것의 행위에 대한 법적 책임 소재에 대한 논의가 필요하다. 디지털 휴먼의 자율성과 개발자 또는 소유자의 권리 사이의 균형을 어떻게 맞출 것인지 심도 있게 검토해야 한다.

여섯째, 가상 세계에서의 재산권, 국경을 초월한 가상 공간에서의 관할권 문제, 그리고 디지털 휴먼과 관련된 프라이버시 보호 등 다양한 법적 과제가 제기될 것이다. 디지털 휴먼 캐릭터의 전 세계적 사용을 고려한 국제적인 권리 보호가 필요하다.

특히, 배우의 사후에 고인의 디지털 휴먼 버전의 활용에 대한 권리 관리와 수익 분배 규정을 명확히 해 유산 관리 측면의 권리를 보호할 수 있다.

〈프리 가이〉와 같은 영화는 이러한 복잡한 법적 · 윤리적 문제를 대중에게 쉽게 전달하고, 향후 발생할 수 있는 쟁점들에 대한 사회적 논의를 촉진하는 중요한 역할을 한다. 이를 통해 우리는 디지털 휴먼 관련 법제도 정비의 필요성을 인식하고, 미래 기술 발전에 따른 법적 대응 방안을 준비할 수 있다. 결국 이러한 논의와 준비는 디지털 시대의 새로운 법적 · 윤리적 체계를 구축하는 데 필수적인 과정이 될 것이다.

참고문헌

과학기술정보통신부(2020). AI 윤리기준.

과학기술정보통신부(2021). 지능정보화 기본법.

국가인권위원회(2022). 인공지능 개발과 활용에 관한 인권 기준.

금융위원회(2021). 금융 분야 AI 기준.

법제처 미래법제혁신기획단(2024.05). 인공지능(AI) 관련 국내외 법제 동향, ≪법제소식≫, 7월호. 05. 최신입법동향. 28-45.

유지원(2022). 디지털 휴먼 개념과 이슈 분석, ≪이슈페이퍼≫, 22-21-11, 세종 : 한국법제연구원.

Curtis, B.(2021.08.20). Free Guy's philosophy: could we just be

lines of code in a grand simulation?. THE CONVERSATION.
European Commission(2023). Artificial Intelligence Act.
Felzmann, H., et al.(2020). Towards Transparency by Design for Artificial Intelligence. *Sci Eng Ethics* 26, 3333-3361.
National Institute of Standards and Technology(NIST). (2023). AI Risk Management Framework (AI RMF).
Ozaki, B.(2023). Ricci at the Movies: Videogame on Screens and in Intellectual, Ricci Intellectual Property. https://riccipi.com.br/movies-videogame/?lang=en
Stahl, B.C.(2021). Ethical Issues of AI. In: Artificial Intelligence for a Better Future. *SpringerBriefs in Research and Innovation Governance*. Springer, Cham.

08
사망한 배우의 디지털 부활

사망한 배우를 디지털 기술을 활용해 스크린에 다시 구현하는 사례가 증가하고 있다. 〈분노의 질주〉의 폴 워커처럼 고해상도 3D 스캔 데이터와 AI 기술을 이용해 고인이 된 배우의 모습을 재현할 수 있다. 본 장에서는 이러한 디지털 부활이 고인이 된 영화배우의 명예와 예술적 의도를 존중하면서도 새로운 기술을 어떻게 활용할 수 있는지, 그 가능성과 한계를 함께 탐구하고자 한다.

AI와 한의학?

기술적 접근 방식

이번 장에서는 딥페이크와 디에이징 등의 인공지능 기술에 의한 죽은 배우의 영화 출연, 이른바 디지털 부활의 문제를 살펴본다.

최근에는 디지털 부활을 통한 죽은 배우의 영화 출연이 빈번해지고 있다. 특히 유명 배우의 갑작스런 사망 이후 디지털 부활 사례는 영화 제작 과정에 새로운 가능성을 제시하고 있다. 이러한 디지털 부활 사례로 어떠한 것이 있는지 살펴보자.

〈분노의 질주: 더 세븐(Furious 7)〉(2015)에는 영화 촬영 중 비극적으로 사망한 폴 워커(Paul Walker)가 브레인 오코너(Brian O'Connor)에게 작별 인사를 하는 장면이 나온다. 뉴질랜드 웰링턴에 있는 디지털 시각 효과 기업인 웨타 FX가 2014년에 폴 워커의 장면을 세련되게 완성했다(Bondy, 2023).

이러한 기술이 제공되기 전에는 영화 제작 중에 배우가 사망하면 다른 인물을 캐스팅하거나 영화에서 배우의 역할을 최소화해야 했다. 그러나 1990년대에는 〈크로우(The Crow)〉(1994) 촬영장에서 일어난 총기 사고로 주연인 브랜던 리(Brandon Lee)가 사망한 후에도 영화를 완성할 수 있을 만큼 기술이 발전했다. 브랜던 리의

그림 8-1. 〈분노의 질주 7〉, 사망한 폴 워커

스턴트맨 채드 스타헬스키(Chad Stahelski)가 영화의 나머지 부분을 연기했고, 그의 클로즈업을 브랜던 리의 얼굴 클로즈업 이미지로 변환했다.

우리는 배우가 사망하기 전 스캔한 얼굴의 데이터 혹은 목소리의 데이터에 기반을 둔 인공지능 기술을 이용해 이미 사망한 배우를 디지털로 부활시킬 수 있다. 영화 제작 과정에서 이러한 인공지능 기술을 이용해 이미 사망한 배우가 마치 최근에 촬영한 것처럼 다양한 영상을 영화에 선택적으로 사용하는 것(디지털 부활)이 가능해졌다는 점에 주목할 필요가 있다.

국내에서의 이러한 기술 활용으로는 2023년 JTBC 드라마 〈웰컴투 삼달리〉에서 딥페이크 기술을 활용해 2022년 세상을 떠난 국민 MC 故 송해를 극 중 부활시킨 경우를 대표적인 사례로 들 수 있다.

드라마에서의 1994년을 배경으로 한 〈전국 노래자

그림 8-2. 〈웰컴투 삼달리〉에서 故 송해의 디지털 부활

랑〉 장면에서 힘찬 목소리로 등장한 60대의 송해는 어린 시절 주인공들과의 인터뷰를 진행했다. 딥페이크 기술을 이용해 부활한 故 송해는 "전국~ 노래자랑"이라고 외치는 목소리와 신명 나는 배경음악으로 분위기를 한껏 높였다.

〈웰컴투 삼달리〉는 화면 색감과 화면 비율도 당시 화면을 재현하고 기존 인물의 얼굴을 CG 처리해 합성했다. 이 드라마는 글로벌 OTT 서비스를 통해 전 세계에서 방영되었다. 인공지능 기술로 재생산된 30년 전 故 송해가 쇼를 진행하는 모습에 대해서 시청자들은 "오랜만에 보니까 반갑다", "화면이며 색감이며 그때 그 느낌", "드라마의 몰입도를 한껏 올려 줬다" 등의 긍정적인 반응을 보였다.

여기서 우리는 배우들에게 디지털 부활이 의미하는

바를 깊이 살펴볼 필요가 있다. 디지털 부활이 현재 활동 중인 배우들에게 긍정적인 소식일 수도 있고, 반대로 부정적인 영향을 미칠 수도 있다는 점에서 의미 있는 질문이 제기된다. 이는 기술 발전으로 죽은 연기자가 살아 있는 연기자의 역할을 대체할 수 있으며 제작사들도 스타 파워를 활용할 기회를 얻게 되었다는 것을 의미한다. 예를 들어 영화 〈에이리언: 로물루스(Alien: Romulus)〉(2024)의 크레딧에는 '루크 – 다니엘 베츠(페이스 모델: 이안 홈)'로 기술되었다. 이안 홈(Ian Holm)은 〈반지의 제왕〉과 〈호빗〉 시리즈의 '빌보' 역으로 잘 알려진 영국 배우로, 2020년 88세로 별세했다. 그런데 〈에이리언: 로물루스〉에서 인조인간 캐릭터 '루크' 역으로 디지털 부활을 통해 등장한 것이다. 루크를 연기한 것은 다니엘 베츠(Daniel Betts)라는 배우이고, 후반 작업에서 그의 얼굴을 딥페이크 기술을 통해 이안 홈의 얼굴로 교체했다. 목소리도 기존 영화 〈에이리언〉에서 이안 홈의 목소리를 추출해 인공지능 기술에 의해서 더빙되어 완벽하게 일치하는 목소리를 만들었다. 이안 홈은 1979년 개봉한 리들리 스콧 감독의 원조 〈에이리언〉에서 비중 있는 인조인간 캐릭터 '애쉬' 역을 맡아 열연한 바 있다. 이러한 디지털 부활은 대규모 블록버스터 영화에 대한 훌륭한 보험 정책이 될 수 있으며, 유명 배우의 유산 및 재산에 혜택을 줄 수 있다.

스캐닝 기술을 통한 3D 복제물 생성은 더 이상 고전적인 할리우드 스타에만 국한되지 않는다. 비디오 게임은 영화와의 경계를 허물면서 새로운 시청각 경험을 사용자에게 제공하고 있다. 이를 위해서 비디오 게임 개발자들은 스토리 텔링과 사실성 향상을 위해 인간 배우들을 활용하고 있다. 〈로그원: 스타워즈 스토리(Rogue One: A Star Wars Story)〉(2016)에서 캐리 피셔의 디지털 이중역을 맡은 잉빌드 데일라는 인더스트리얼 라이트 & 매직(Industrial Light & Magic)에 의한 스캔 작업이 장기적인 이익을 만드는 안전한 투자라고 주장했다. 이는 관객의 향수를 자극하는 낯익은 얼굴로 관객수의 확보를 가능하게 하며 기본적인 이익을 보장하기 때문이다.

이런 특별한 종류의 스캐닝은 제임스 캐머런 등이 설립한 회사인 디지털 도메인(Digital Domain)과 같은 일부 회사에서 사용할 수 있다. 이는 이틀 간의 힘든 과정이며 대략 백만 달러의 비용이 든다. 따라서 적어도 가까운 미래에는 대형 스튜디오가 이 기술에 접근할 수 있게 될 것이다. 스캐닝 프로세스에는 몇 초 안에 수많은 이미지를 기록하는 구면에 위치한 수백 개의 맞춤형 LED 조명이 포함된다. 디지털 도메인은 빛이 모든 각도에서 얼굴에 닿는 방식과 다양한 빛 온도를 포착한다. 〈아바타〉의 마일즈 쿼리치(Miles Quaritch) 대령을 연기했던 배우 스티븐 랭(Stephen Lang)은 잡지 바이스(VICE)에서 디지털 도메인에서 수행되었던 스캔 경험에 대해 언급하면서, 360도로 육체를 캡처하므로 육체를 복제할 수 있다고 말했다.

딥페이크 기술의 발전은 미래에 머신 러닝 도구의 사용이 현재보다 확대될 가능성을 내포한다. 기존 자료에서 배우의 목소리를 추출해 완전히 새로운 오디오를 생성할 때, 해당 배우와 완벽하게 일치하는 목소리를 만들 수 있는 기술은 디지털 휴먼의 영역을 더욱 확장한다. 특히 스턴트 복식을 위한 딥페이크와 같은 기술의 활용은 디지털 인간을 생성하는 것보다 훨씬 신속한 해결책을 제시한다.

라이언 레이놀즈가 사망한다면

앞서 논의한 〈프리 가이〉의 주인공 '가이'를 연기한 라이언 레이놀즈가 사망할 경우, 그의 초상권을 포함한 지식재산권과 디지털 휴먼 관련 권리에 대해 여러 문제가 발생할 수 있다. 이러한 문제들은 다음과 같은 주요 측면에서 검토할 수 있다.

첫째, 유산 관리의 확장 문제다. 레이놀즈가 사망할 경우, 그의 디지털 재현에 대한 권리는 유족이나 지정된 재산 관리인에게 귀속될 것이다. 이때 중요한 것은 레이놀즈가 생전에 자신의 디지털 재현에 대한 의사를 명확히 밝혔는지다. 만약 레이놀즈가 디지털 복제에 동의했거나 이를 거부하는 명확한 의사를 밝혔다면, 그에 따라 유족과 재산 관리인이 그의 권리를 행사하게 된다.

둘째, 윤리적 고려 사항이다. 레이놀즈의 사망 후 그의 디지털 복제가 고인의 명예나 이미지를 훼손하지 않도록 하는 규제가 필요하다. 예컨대 레이놀즈가 연기한 가이 캐릭터가 새로운 작품이나 광고에 활용될 경우, 해당 사용이 레이놀즈의 생전 이미지를 훼손하지 않도록 윤리적 지침을 마련해야 한다. 이는 레이놀즈의 유족뿐만 아니라 팬들의 정서를 고려해 신중하게 다루어야 할 사안이다.

셋째, 동의의 소급 적용 문제다. 레이놀즈가 생전에 디지털 재현에 대해 명확한 동의를 하지 않았다면, 그의 사후 디지털 이미지 사용에 대한 법적 정당성 확보를 위한 체계가 필요하다. 이는 사후 동의를 법적으로 어떻게 처리할 것인지, 그리고 이러한 동의가 디지털 재현에 어느 정도까지 영향을 미치는지를 명확히 해야 하는 문제다.

넷째, 수익 분배 문제다. 레이놀즈의 디지털 복제가 포함된 새로운 작품이 제작될 경우, 이로 인해 발생하는 수익의 분배 기준이 명확히 설정되어야 한다. 수익은 유족, 재산 관리인, 제작사, 디지털 기술 제공 업체 등 다양한 이해관계자 간에 공정하게 분배되어야 하며, 이를 위한 협상 절차가 필요하다.

다섯째, 기술적 한계와 법적 책임 문제다. 디지털 부활 기술의 한계로 레이놀즈의 이미지가 왜곡되거나 부정확하게 재현될 수 있다. 이때 법적 책임이 누구에게 있는지를 규정해야 한다. 이는 기술적 오류로 인해 발생할 수 있는 윤리적 문제를 예방하고, 법적 책임을 명확히 할 수 있는 근거를 마련하는 데 중요하다.

여섯째, 국제적 규제와 디지털 ID의 관리 문제다. 레이놀즈의 디지털 복제가 글로벌 콘텐츠 시장에서 활용될 경우, 국가마다 다른 사후 권리 보호 기간과 규정을 조화시킬 필요가 있다. 또한 레이놀즈의 디지털 ID를 누가, 어떻게 관리할 것인지를 규정할 필요가 있다. 특히 무단 사용이나 도용을 방지하기 위한 규제를 통해 디지털 ID가 악용되지 않도록 해야 한다.

일곱째, 소비자 보호와 기술 발전에 따른 규제 갱신 문제다. AI와 딥페이크 기술이 지속적으로 발전함에 따라 관련 규제도 정기적으로 갱신되어야 한다. 또한 레이놀즈가 출연한 디지털 복제물이 포함된 작품에 대해 소비자들이 인지할 수 있도록 하는 규제가 필요할 수 있다. 이러한 지식재산권 문제에서 레이놀즈의 사후 그의 디지털 복제가 적절하게 관리되고, 관련된 모든 이해관계자의 권리가 보호되어야 한다.

참고문헌

양준규(2024.8.25). 숨진 사람 '디지털 부활'… 거센 윤리적 역풍. 스카이데일리.

하수민(2023.12.3.). 딥페이크로 부활한 송해… 안방서 다시 외친 "전국~노래자랑" 머니투데이.

Bondy, M.(2023). Deepfakes, Digital Humans, and the Future of Entertainment in the Age of AI. Perkins Coie.

Miller, M.(2022.5.20). Digital humans in the future of film. Broadcast.

Price, M.(2024.3.14). How to navigate the ethical dilemmas posed by the future of digital identity. World Economic Forum. https://www.weforum.org/stories/2024/03/navigate-ethical-dilemmas-future-digital-identity/

Thomas, S.(2024). AI and Actors: Ethical Challenges, Cultural Narratives and Industry Pathways in Synthetic Media Performance. *Emerging Media*, 2(3), 523-546.

Velasquez, S. J.(2023.7.19). How AI is bringing film stars back from the dead, BBC.
https://www.bbc.com/future/article/20230718-how-ai-is-bringing-film-stars-back-from-the-dead

09
디지털 휴먼의 프랑켄슈타인 효과

인공지능 기술을 통한 신체의 디지털 재구성과 관련해 '프랑켄슈타인 효과'라는 개념을 제안한다. 이는 디지털 휴먼이 지니는 본질적 특성을 설명하는 데 유용한 개념이다. 디지털 휴먼은 단일 배우의 단순한 복제물이 아니라, 여러 배우의 신체적 특징과 퍼포먼스 데이터를 조합해 만들어 낸 새로운 형태의 존재다. 따라서 프랑켄슈타인 효과는 디지털 휴먼 기술의 혁신성과 그에 따른 윤리적 · 법적 도전 과제를 동시에 내포하는 개념이다.

AI와 화장품?

프랑켄슈타인 효과

디지털 휴먼과 인간 배우

디지털 휴먼의 '프랑켄슈타인 효과'는 디지털 기술이 만들어 내는 새로운 종류의 위험을 설명하는 개념으로, 디지털 휴먼이 지닌 본질적 특성과 깊이 연관되어 있다. 일반적으로 '프랑켄슈타인 효과'는 전반적인 개념과 무관한 새로운 아이디어가 프로젝트에 임의로 추가되는 현상을 지칭한다. 그러나 여기서는 이 개념을 재해석해, 여러 인간 배우의 몸짓, 표정, 목소리 등을 결합해 만들어진 디지털 휴먼의 특성과 그로 인한 다양한 문제들을 포괄적으로 설명하는 개념으로 확장한다.

디지털 휴먼은 단순히 한 명의 배우를 복제하는 데 그치지 않고, 여러 배우의 데이터를 조합해 새로운 형태의 존재로 재탄생시킨다. 이러한 창조 과정에서 디지털 휴먼은 다양한 신체적 · 표현적 요소들이 혼합된 결과물이 되며, 이는 배우 개인의 고유한 특성이 희석되거나 의도치 않게 왜곡될 수 있는 위험을 내포한다.

이러한 디지털 휴먼의 본질적 특성에서 프랑켄슈타인 효과가 발생한다. 이는 디지털 기술을 통해 배우의 지식재산권을 복제하고 조합해 새로운 존재를 만들어 내는 과정에서 발생하는 부작용을 의미한다. 이 과정에서 원래 배우의 독창성과 고유성이 상실되며, 특정 기업이나 스튜디오가 디지털 휴먼 시장을 독점하게 될 가능성이 증가한다.

디지털 복제가 표준화되면 배우들은 독창적 표현을 상실하게 되고, 이는 영화 및 미디어 산업 전반에 걸쳐 표현의 다양성을 저해하며 창의적 표현 자체를 위축시킬 수 있다. 디지털 휴먼의 광범위한 활용은 배우들이 자신의 고유한 표현을 구현하지 못하거나, 획일화된 방식으로만 연기하게 만드는 결과를 초래할 수 있다. 따라서 이러한 기술적 한계를 극복하고 배우의 예술적 자율성을 보장하는 연출 방식의 개발이 향후 중요한 과제가 될 것이다.

복제와 저작권 보호

디지털 복제와 변형에 대한 저작권 침해 문제도 프랑켄슈타인 효과의 일환으로 나타난다. 배우의 연기나 퍼포먼스를 디지털로 복제해 새로운 콘텐츠를 제작할 경우, 이는 원본 배우의 저작권을 침해할 수 있다. 따라서 디지털 휴먼의 활용에서 법적 대응이 필수적이며, 명확한 계약과 라이선스를 통해 배우의 권리를 보호해야 한다.

디지털 휴먼은 한 명 이상의 배우의 몸짓, 표정, 목소리 등을 결합해 창조된 가상의 존재다. 여러 배우의 데이터를 수집하고 이를 조합해 새로운 디지털 캐릭터를 구현한다. 이러한 프랑켄슈타인 효과는 단순한 기술적 문제에 그치지 않고 윤리적 문제까지 포함한다.

디지털 휴먼의 활용이 배우들의 고유한 표현을 제한하거나 그들의 창의적 자유를 침해할 가능성이 있어, 법적 · 윤리적 보호 장치가 필요하다. 배우의 창작물에 대한 저작권을 보호하고, 디지털 복제와 변형에 대한 권리를 계약서에 명확히 명시하여 배우의 사전 동의를 얻는 것이 중요하다. 이러한 법적 보호 장치는 디지털 기술이 배우들의 창작 자유와 권리를 침해하지 않도록 하는 데 필수적이다.

지식재산과 시장 독점

디지털 휴먼은 배우의 몸짓, 표정, 목소리 등 다양한 요소를 디지털로 복제해 여러 작품에서 활용될 수 있다. 이 과정에서 배우의 고유한 창의성과 독창성이 희석되거나 사라질 위험이 있으며, 특정 기업이나 스튜디오가 이러한 디지털 휴먼 시장을 독점할 가능성이 크다. 프랑켄슈타인 효과는 디지털 기술이 배우의 지식재산권을 복제하고 상업적으로 이용하는 과정에서 발생하는 부작용을 설명하는 개념이다.

이러한 시장 독점은 배우들의 표현의 다양성을 제한하고, 전체 미디어 산업의 창작 다양성을 저해할 수 있다. 디지털 복제가 표준화될 경우, 배우들은 자신만의 독창적인 몸짓과 표현을 시도하기 어려워질 수 있다. 이는 배우들이 디지털 복제를 의식해 획일화된 방식으로만 연기하게 될 위험을 증가시킨다.

더욱이 디지털 휴먼이 여러 작품에서 동일한 방식으로 활용되면, 개별 배우의 예술적 독창성이 상실되고 특정 기업의 기술적 표준이 시장을 지배할 수 있다. 이는 결과적으로 연기와 표현의 다양성을 제한하고, 창작 생태계의 건강한 발전을 저해할 수 있다. 특히 디지털 복제 기술을 통한 표준화는 배우들의 자유로운 예술적 표현을 위축시키고, 공연 예술의 본질적 가치를 훼손할 수 있다.

고유한 표현과 지식재산

디지털 휴먼의 광범위한 활용은 배우들의 고유한 몸짓과 표현을 더 이상 사용할 수 없게 만드는 상황을 초래할 수 있다. 이는 배우들이 창의적 표현을 두려워하거나, 디지털 복제를 의식해 특정한 방식으로만 연기하게 될 위험을 증가시킨다. 따라서 배우들의 고유한 표현 방식과 지식재산권을 보호하기 위한 윤리적 기준이 필요하다.

디지털 기술이 배우들의 창작 자유를 침해하지 않도록 법적·윤리적 보호 장치를 마련해 창작물(연기, 퍼포먼스 등)에 대한 권리를 보호해야 한다. 배우의 연기나 퍼포먼스를 디지털로 복제해 새로운 콘텐츠를 제작할 경우, 원본 배우의 저작권을 침해할 수 있다. 특히 배우의 연기를 무단으로 복제해 새로운 영화나 게임 캐릭터를 제작하는 경우 심각한 저작권 침해 문제가 발생할 수 있다.

디지털 휴먼을 활용할 때는 명확한 계약과 라이선스가 필요하다. 계약서에는 사용 범위, 기간, 보상 등을 포함해 디지털 복제와 변형에 대한 배우의 권리를 명확히 규정하고 동의를 받아야 한다. 특히 디지털 복제가 배우의 명예를 훼손할 수 있는 방식으로 활용될 경우 심각한 윤리적 비판을 받을 수 있다.

이에 대한 해결책으로는 배우의 권리와 명예를 존중하는 방식으로 디지털 기술을 활용하고, 투명하고 윤리적인 절차를 준수해야 한다. 산업 전반에 걸쳐 디지털 복제와 변형에 대한 윤리 강령을 마련하고, 이를 철저히 준

수하도록 해야 한다.

디지털 휴먼의 프랑켄슈타인 효과는 디지털 기술의 발전과 함께 등장한 새로운 문제로서, 복제 기술과 시장 독점이 배우들의 창의적 표현을 위축시키고 미디어 산업의 다양성을 저해할 수 있는 잠재적 위험을 경고하고 있다. 이를 해결하기 위해서는 명확한 법적·윤리적 기준을 마련하고, 배우들의 권리와 창작 자유를 보호하는 노력이 필수적이다. 특히 여러 배우의 신체적 특징을 조합해 만들어진 디지털 휴먼은 배우들의 고유한 몸짓과 표현을 왜곡하거나 희석시킬 위험이 있으므로, 이에 대한 엄격한 규제와 관리가 필요하다.

디지털 부활과 프랑켄슈타인 효과

이미 사망한 배우의 디지털 부활과 관련된 문제는 디지털 휴먼의 프랑켄슈타인 효과와 밀접한 연관이 있다. 디지털 휴먼이 여러 배우의 몸짓, 표정, 목소리 등을 결합해 창조된 가상의 존재라는 점에서, 사망한 배우의 디지털 복제는 특히 심각한 법적·윤리적 문제를 야기할 수 있다. 이는 메리 셸리의 소설 『프랑켄슈타인』에서처럼 인위적으로 창조된 존재가 가져올 수 있는 예기치 않은 결과와 도덕적 딜레마를 상기시킨다.

첫째, 개인성의 왜곡과 희석 문제다. 디지털 기술이 사망한 배우의 이미지와 퍼포먼스를 복제하고 이를 다른 배우의 특징들과 결합할 때, 원래 배우의 독창성과 고유성이 심각하게 훼손될 수 있다. 이는 사망한 배우의 본연의 표현을 왜곡하거나, 그가 의도하지 않은 방식으로 그의 이미지를 활용함으로써 고인의 명예를 훼손할 위험을 내포한다. 특히 AI 기술의 발전으로 이러한 디지털 복제와 변형이 더욱 정교해지면서, 원본과 복제본의 경계가 모호해지는 문제도 발생하고 있다.

둘째, 저작권 침해와 법적 책임 문제다. 사망한 배우의 디지털 복제물을 활용해 새로운 콘텐츠를 제작할 경우, 이 과정에서 원본 배우의 연기와 퍼포먼스에 대한 저작권이 침해될 수 있다. 사망한 배우의 디지털 복제에 대한 명확한 법적 권리와 계약이 없다면, 이러한 활용은 법적 분쟁으로 이어질 수 있다. 특히 사후에 배우의 이미지를 어떻게 활용할 것인지에 대한 동의나 지침이 없을 경우 이 문제는 더욱 복잡해질 수 있다.

셋째, 윤리적 문제와 창의적 자유의 침해다. 사망한 배우의 디지털 부활은 그가 생전에 남긴 창의적 자유를 침해할 수 있으며, 배우의 고유한 예술적 표현을 왜곡할 가능성을 내포한다. 이는 배우의 명예와 예술적 유산을 훼손할 뿐만 아니라, 디지털 휴먼 기술이 도덕적 기준을 벗어나 남용될 가능성을 높인다. 더불어 이는 예술가의 사후 권리 보호에 대한 새로운 윤리적 논의를 필요로 한다.

넷째, 디지털 복제물의 소유권과 수익 분배 문제다. 사망한 배우의 디지털 복제가 포함된 콘텐츠가 상업적으로 활용될 경우, 이에 대한 수익 분배와 관련된 문제가 발생할 수 있다. 이 수익은 유족, 재산 관리인, 콘텐츠 제작사, 디지털 기술 제공업체 간에 공정하게 분배되어야 하며, 이를 위한 명확한 계약과 법적 체계가 필요하다.

다섯째, 국제적 합의와 디지털 정체성의 관리 문제다. 사망한 배우의 디지털 복제가 전 지구적 시장에서 활용될 경우, 각국의 법적 규제와 보호 기간에 따른 차이가 발생할 수 있다. 이로 인해 사망한 배우의 디지털 정체성 보호를 위한 국제적 합의와 표준화된 규제 체계가 필요하다. 또한 이러한 디지털 복제물의 무단 활용과 변조를 방지하기 위한 기술적 보호 장치도 마련되어야 한다.

참고문헌

남승석(2024). 인공지능 시대의 영화 속 디지털 휴먼 - 배우의 디지털 정체성과 연기의 미래 - ≪문화와융합≫, 46.2(특별호) 1-13.

메리 셸리 저, 김선형 역(2021). 『프랑켄슈타인』, 문학동네.

서유경(2023). AI 시대, 배우의 미래와 권리보호. KoBPRA

WEBZINE, 85.

장예솔(2024.08.22). '에이리언' 4년 전 사망한 배우 AI로 부활? "고인에 대한 무례" 누리꾼 분노. 뉴스엔.

Garcia, M.(2023). Standardization of digital replication and its effects on actors' creativity. *Performance Arts Review, 11*(2), 56–72.

Smith, J.(2023). The digital replication of actors' performances. *Journal of Digital Media, 15*(2), 45–60.

Taylor, E. (2023). Fear of creative expression in the era of digital replication. *Psychology of Performance, 14*(1), 34–50.

Wilson, K.(2022). The loss of unique expression in the age of digital humans. *Acting in the Digital Age, 6*(3), 89–105.

10
배우의 디지털 정체성

배우의 IP가 연기의 미래에 미칠 영향에 대해 논의한다. 인공지능을 활용해 인간 배우의 몸짓, 목소리, 얼굴을 스캔해서 만든 디지털 휴먼에 관한 비판적 논의를 통해서 우리는 인공지능 시대의 연기와 배우의 개념, 그리고 그들의 권리와 책임에 대해 새로운 시각을 모색한다.

종교와 AI?

디지털 정체성의 정의

디지털 정체성은 디지털 통신 기술과 인공지능(AI)의 발전으로 인해 형성된 새로운 형태의 존재 방식을 의미한다. 메타버스와 같은 가상 공간에서의 배우의 특성은 특히 엔터테인먼트 산업에서 중요한 개념으로 부각되고 있다. 특히 디지털 휴먼이라고 불리는 컴퓨터 그래픽(CG)과 AI 기술로 구현된 가상의 환경에서 배우의 정체성은 지속적으로 확장되고 있다. 단순한 시각적 구현을 넘어 AI, 딥러닝, 컴퓨터 그래픽 기술을 이용해 배우의 목소리, 표정, 감정까지 표현함으로써 배우의 정체성이 확장되어 더욱 사실적이고 상호작용이 가능한 디지털 휴먼 제작이 가능해졌다. 심지어 영화, 영상 콘텐츠뿐만 아니라 디지털 공간에서 독립적으로 존재할 수 있는 수준에 이르렀다.

키아누 리브스(Keanu Reeves)는 2023년 할리우드 리포터와의 인터뷰에서 영화 〈매트릭스〉에서 작업한 경험, 그리고 퓨처버스(Futureverse) 재단을 통해 메타버스를 다양화하는 작업에 어떻게 참여하게 되었는지를 이야기했다. 특히 그는 AI와 딥페이크 기술이 배우들에게 '무서운' 영향을 미칠 수 있다고 생각하며, 경력 초기에 자신의 연기가 디지털 기술로 수정된 경험 이후에는 새로운 계약을 할 때마다 자신의 연기를 수정하지 못하도록 하는 조항을 계약에 포함시키고 있다고 말했다. 이와 같은 그의 인터뷰는 배우의 디지털 정체성을 설명하는 구체적인 사례라고 할 수 있다.

배우의 디지털 정체성은 이제 영화 산업을 넘어 다른 예술 분야와 엔터테인먼트 전반에 걸쳐 점점 더 중요한 역할을 하고 있으며, 기술 발전이 예술적 표현과 인간의 정체성에 미치는 영향을 탐구하는 새로운 장을 열고 있다. 배우들이 이러한 변화에 적응하는 방식은 그들의 디지털 정체성이 앞으로 어떤 방향으로 나아갈지에 대한 중요한 단서를 제공한다.

배우의 디지털 정체성은 대중적으로 영향력이 있는 그들을 어떻게 문화적 자산으로 보존하고 확장하는 새로운 방법을 제공한다. 예를 들어 이미 사망한 배우의 디지털 복제를 통해 새로운 영화에 출연시키거나, 연기자가 고령이 되어도 젊은 시절의 모습을 유지한 채로 스크린에 등장시킬 수 있게 된다. 기술적 발전은 연기자의 권리와 윤리적 문제를 제기하며, 제작자와 배우 간의 계약이 더욱 복잡해지는 상황을 촉발한다.

디지털 환경에서 개인의 디지털 정체성

우선 디지털 정체성은 개인이나 기관이 디지털 환경에서 보유하는 전자적 또는 온라인상의 존재를 의미하며, 이는 특정 개인 또는 기관과 관련된 데이터, 자격 증명, 계정 등을 포괄한다. 이러한 디지털 정체성은 다양한 플랫폼, 애플리케이션, 디바이스에서 활용되며, 그 목적은 인증, 권한 부여, 접근 제어 등으로 귀결된다. 디지털 정체성은 물리적 정체성과 구별되며, 주로 디지털 환경에서의 활동과 상호작용을 기반으로 한다. 즉, 디지털 정체성은 사용자가 디지털 세계에 접속하고 그 안에서 활동하는 방식을 반영한다.

디지털 생태계를 이용하는 사용자의 디지털 정체성은 다음과 같은 주요 구성 요소들로 이루어진다. 첫째, 계정은 디지털 환경 내에서 사용자가 접근하는 사용자 계정을 의미하며, 이는 일반적으로 자격 증명을 통해 인증된다. 하나의 디지털 정체성에 다수의 계정이 연계될 수 있다. 둘째, 자격 증명은 사용자가 자신의 정체성을 입증하기 위해 사용하는 정보로, 예를 들어 사용자 이름과 비밀번호가 있다. 셋째, 디지털 정체성을 구성하는 부가적인 정보로서 이름, 생년월일 등이 포함된다.

이러한 요소들의 집합은 실제 개인이 디지털 시스템

에 접근하고 상호작용하는 디지털 정체성을 형성하며, 이는 현대 사회에서 점차 중요성이 부각되고 있다. 디지털 정체성은 개인의 온라인 활동뿐만 아니라 디지털 경제에서의 참여에도 핵심적인 역할을 담당하며, 디지털 시대의 경제적 및 사회적 상호작용을 위한 필수적인 기반을 제공한다.

배우의 디지털 정체성 핵심 요소

배우의 디지털 정체성은 다음 요소들로 구성된다.

첫째는 외형적 특징으로, 디지털 정체성은 주로 디지털 휴먼의 외형적 특징에 의해 정의된다. 이는 디지털 휴먼이 물리적 세계에서 존재하는 배우의 신체적 특징을 얼마나 정확하게 묘사할 수 있는지에 따라 달라진다. 디지털 정체성은 배우의 얼굴, 체형, 피부, 머리카락 등 외형적 요소를 포함하며, 이들이 얼마나 정밀하고 사실적으로 구현되느냐가 중요하다.

둘째는 몸짓과 표현으로, 디지털 휴먼은 AI와 모션 캡처 기술을 통해 인간의 몸짓과 감정을 묘사한다. 이 과정에서 디지털 휴먼은 특정 배우의 연기 스타일과 표현 방식을 그대로 재현하거나, 새로운 방식으로 확장할 수 있다. 디지털 정체성은 이러한 표현이 얼마나 자연스럽고 일관되게 구현되느냐에 달려 있다.

셋째는 목소리와 언어다. 배우의 디지털 정체성에는 그의 목소리와 언어 패턴도 포함된다. AI 기술을 통해 배우의 목소리를 학습하고 이를 디지털 휴먼에 적용함으로써, 그 배우의 고유한 발음, 억양, 말투를 재현하는 것은 디지털 정체성의 중요한 요소이다. 이는 디지털 휴먼이 관객들에게 큰 몰입감을 제공하는 데 이바지한다.

넷째는 디지털 페르소나다. 디지털 정체성은 디지털 휴먼이 어떤 '페르소나'를 지니고 있는지에 따라 형성된다. 페르소나는 디지털 휴먼이 다양한 역할을 수행하는 데 중심이 되는 캐릭터의 특징으로, 특정 상황에서 어떤 반응을 보일지, 어떤 성격을 드러낼지 등을 결정한다. 이 페르소나는 영화 내에서 일관성을 유지하며, 디지털 정체성의 일부분으로 기능한다.

디지털 정체성과 인간 배우의 관계

디지털 정체성은 인간 배우의 정체성을 보완하고 확장하는 역할을 한다. 디지털 휴먼이 인간 배우를 모델로 만들어질 경우, 그 배우의 신체적, 감정적 표현을 모방하거나 새로운 방식으로 재창조할 수 있다. 이는 배우의 실제 정체성과 디지털 정체성이 상호작용하면서 발생하는 독특한 정체성의 확장을 의미한다. 이러한 상호작용은 디지털 휴먼이 인간 배우의 대역으로서 기능할 때 특히 두드러진다. 배우가 일정상 참여할 수 없는 촬영 장면에서 디지털 휴먼이 대신 임무를 수행하거나, 고인이 된 배우를 영화 속에서 재현할 때, 디지털 정체성은 인간 배우의 정체성을 이어받아 새로운 생명력을 부여받는다.

디지털 정체성은 인간 배우로부터 출발할 수 있지만, 궁극적으로는 독립적으로 확장될 가능성을 지니고 있다. 디지털 휴먼은 물리적 제약에서 벗어나 다양한 역할을 할 수 있으며, 시간이 지나도 변치 않는 일관된 외모와 표현을 유지할 수 있다. 이는 디지털 휴먼이 특정 배우의 정체성을 기반으로 하더라도 독자적인 디지털 캐릭터로 성장할 수 있음을 의미한다. 예를 들어 특정 배우의 디지털 휴먼이 독립적인 캐릭터로 발전해 별도의 작품에서 주연을 맡거나, 전혀 새로운 서사를 이끌어 가는 경우, 그는 인간 배우와는 다른 독립적이고 지속 가능한 정체성을 갖게 된다. 이는 디지털 정체성이 인간 배우의 영향을 받으면서도, 궁극적으로는 새로운 창작의 가능성을 열었다고 말할 수도 있는 것이다.

하지만 디지털 정체성의 발전과 확장은 윤리적 질문을 수반한다. 예를 들면 인간 배우의 디지털 휴먼이 생성될 때, 그 배우의 동의와 권리가 어떻게 보호될 것인지, 고인이 된 배우의 디지털 정체성이 어떻게 관리될 것인지에 대한 논의가 필요하다. 디지털 정체성은 이러한 윤리적 고려 속에서 발전해야 한다. 이를 어떻게 받아들이고 사용할 것인지에 대한 신중한 접근이 요구된다.

디지털 정체성과 배우의 미래

배우의 디지털 휴먼은 배우의 실제 모습을 디지털 환경에서 재현하거나 확장된 존재로 활용되는 3D 아바타, 가상 캐릭터, 또는 AI 기반의 디지털 대리인이다. 이는 배우의 이미지와 캐릭터를 디지털 세계에서 더욱 확장하고, 다양한 미디어에서 활용할 수 있게 해 주는 중요한 기술적 요소로, 배우들의 디지털 정체성을 새롭게 정의하고 확장하고 있다. 이러한 기술의 발전은 엔터테인먼트 산업에 혁명적인 변화를 가져오며, 배우와 팬 사이의 관계를 재정립하고 있다.

디지털 휴먼은 영화, 광고, 게임 등 다양한 콘텐츠에서 활용될 수 있다. 배우의 실제 출연이 어려운 상황에서 디지털 아바타가 대신 소임을 수행하거나, 가상 현실이나 증강 현실에서 새로운 경험을 창출할 수 있어, 배우들은 물리적 한계를 넘어 더 다양한 작품에 참여할 수 있다. 또한 배우의 외모와 성격을 반영한 가상 캐릭터가 다양한 소임을 수행할 수 있어, 배우들에게 창의적 표현의 새로운 영역을 열어 주며, 관객들에게는 더욱 다양하고 흥미로운 콘텐츠를 제공한다.

이러한 기술의 발전에 따라 적절한 규제 체제의 구축이 필요하다. 디지털 휴먼 사용에 대한 동의와 보상 체계의 구축, 고인이 된 배우의 디지털 복제 사용에 대한 법적 기준 구축, 디지털 휴먼의 퍼포먼스에 대한 저작권 문제 논의, 인간 배우의 고용 감소 문제 해결 등이 주요 고려 사항이다.

팬과의 상호작용 측면에서도 디지털 휴먼은 중요한 역할을 한다. 가상 이벤트나 개인화된 메시지를 통해 팬들과 친밀한 관계를 형성할 수 있어, 엔터테인먼트 산업의 팬 서비스를 혁신적으로 변화시키고 있다. 그러나 이에 따른 개인정보 보호, AI 마케팅에서의 감정적 의존도 관리, 디지털 휴먼과 인간 배우 간 일관성 유지, 과도한 상업화 제한 등에 대한 주의와 규제가 필요하다.

결론적으로, 디지털 휴먼 기술은 엔터테인먼트 산업에 큰 변화를 가져올 것이며, 이에 따른 적절한 규제와 기준의 수립이 필요하다. 이를 통해 배우의 창의적 표현과 팬들과의 소통을 더욱 풍부하게 만들면서도, 윤리적이고 지속 가능한 방식으로 기술을 활용할 수 있을 것이다.

참고문헌

남승석(2024). 인공지능 시대의 영화 속 디지털 휴먼 - 배우의 디지털 정체성과 연기의 미래 -. ≪문화와융합≫, 46, 1-13.

이유선 · 김동언(2011). 로봇 배우를 활용한 공연예술 활성화 방안 연구: "에버" 중심으로. ≪공연문화연구≫, 0.22, 371-411.

Thompson, S.(2022). Licensing and contracting in the use of digital humans. *Digital Media Law, 13*(4), 56-72.

White, A.(2023, Feb. 14). Keanu Reeves on deepfakes and that Bruce Willis Russian phone commercial: "You lose your agency". The Hollywood Reporter.

White, J.(2023). Scope, duration, and compensation in digital human contracts. *Contract Law Quarterly, 17*(2), 89-105.

남승석

현재 연세대학교 매체와예술연구소 연구교수이자 영화감독이다. 서강대학교에서 철학을 전공하고, 동 대학원 컴퓨터공학과에서 음성인식을 전공했다. 이후 시카고예술학교(SAIC)와 파리국립고등예술학교(ÉNSBA)에서 조형물, 사진과 영화를 공부하며 예술적 역량을 확장했다. 서강대학교 영상대학원에서 미디어와 문화연구, 작가주의와 다큐멘터리를 심도 있게 연구했고, 하버드대학교 예술 및 과학 대학원(GSAS)에서 풍경, 지도, 도시 이론과 관련된 학제간 연구를 수행했다. 연세대학교, 한국예술종합학교, 서울예술대학교, 건국대학교 등에서 영화와 미디어 이론을 강의했다. 영화감독으로서 다수의 극영화와 다큐멘터리를 연출했으며, 특히 도시와 여성의 관계, 현대 사회의 문화적 현상을 성찰적으로 다룬 작품들로 주목받았다. 주요 저서로는 동아시아 도시를 배경으로 여성의 삶과 이동성을 탐구한 『동아시아 영화도시를 걷는 여성들』, 프랑크푸르트학파의 미학 이론을 영화에 접목한 『벤야민과 아도르노와 함께 보는 영화』 등이 있다. 이론과 실천을 아우르는 연구자이자 창작자로서, 학문과 예술의 경계를 넘나들며 새로운 시각을 제시하고 있다.